GENÈVE

# Zigarren

## Zigarren und Lebensart

Fotos: Matthieu Prier

Delius Klasing Verlag

# Inhalt

- 5 Vorwort
- 6 Kurze Geschichte der Zigarre
- 8 Zigarrenländer – Kuba
- 10 Zigarrenländer – Vuelta Abajo
- 12 Zigarrenländer – Dominikanische Republik
- 14 Zigarrenländer – Honduras
- 16 Zigarrenländer – Nicaragua

Weitere Zigarrenländer – 1
- 18 Mexiko, Costa Rica, Ecuador, Jamaika, Brasilien

Weitere Zigarrenländer – 2
- 20 Vereinigte Staaten, Kanarische Inseln, Indonesien, Philippinen, Kamerun
- 22 Tabakanbau – Vom Setzling zur Casa de Tabaco
- 24 Herstellung – Die Kunst des Torcedor
- 26 Galeras – Vom Tabak zur Zigarre
- 28 Qualitätskontrolle
- 30 Der Aufbau einer Zigarre
- 32 Große Formate
- 34 Mittlere Formate
- 36 Kleine Formate
- 38 Farben
- 40 Kisten und Kabinette
- 42 Vistas gestern und heute
- 44 Bauchbinden gestern und heute
- 46 Aufbewahrung
- 48 Humidore – Vom Holz zum Plexiglas
- 50 Reifung
- 52 Anschneiden und Anzünden
- 54 Die Kunst des Rauchgenusses
- 56 Aromen und Geschmack
- 58 Der richtige Moment
- 60 Accessoires
- 62 Zigarren und Küche
- 64 Zigarren und Alkohol
- 66 Auktions-Zigarren
- 68 Fälschungen
- 70 Große kubanische Marken gestern und heute
- 74 Jahrgangszigarren und Legenden
- 76 Die »Zigarrenbank«
- 78 Die Cuvées Spéciales von Gérard Père et Fils
- 80 Die limitierten Serien
- 82 Die Kollektionen
- 84 Eine ideale Auswahl für den Anfänger
- 86 Eine ideale Auswahl für den Liebhaber
- 88 Eine ideale Auswahl für den erfahrenen Liebhaber
- 90 Eine ideale Auswahl für den Connaisseur
- 92 Glossar
- 94 Register
- 96 Danksagung

*Für meinen Vater, der uns seine Leidenschaft weitergegeben hat.*

# Vorwort

Die Welt der Zigarre wandelt sich, aber ihre Inspiration bleibt: Die Leidenschaft für den exzellenten Geschmack bei den Genießern und vor allem bei den Vegueros, den Arbeitern auf den Tabakplantagen.

Zuallererst ist die Zigarre eine Frucht der Erde, wenn auch eine der edelsten und anspruchsvollsten. Ohne die Kenntnis und Erfahrung der Männer und Frauen, die Tabak anbauen und zu Zigarren veredeln, hätte sie nicht ihre Aura und Faszination.

Man darf nie vergessen, dass die Symphonie von Düften und Geschmacksnoten und das Wunder ihrer Harmonie das Ergebnis von exakter, geduldiger und intensiver professioneller Arbeit in jedem Stadium des Prozesses ist.

Wir, die Familie Gérard, sind seit sehr langer Zeit leidenschaftliche Liebhaber von Zigarren. Lange waren für uns Qualität und Havanna das Gleiche. Aber die Welt hat sich weitergedreht, und die Havanna ist nicht mehr allein auf weiter Flur. Dieses Buch ist die Summe jahrelanger Prüfung in Zusammenarbeit mit vielen Experten.

Zigarren sind vom Markt verschwunden und wieder aufgetaucht, aber trotz allen Wandels ist eines gewiss: Die von uns vorgestellten Zigarren sind für Könige gemacht, aber glücklicherweise heute für sehr viel mehr Menschen erhältlich. Wir freuen uns über immer mehr Liebhaber mit profunder Kennerschaft. Ihnen ist dieses Buch gewidmet.

*Vahé Gérard*

# Kurze Geschichte der Zigarre

### Die ersten Anfänge
Die Stämme der Taíno auf Kuba waren wohl die ersten, die bei ihren Riten eine Pflanze benutzten, die sie Cohiba nannten. Getrocknet nannten sie das Kraut dann Tabacco, und sie rauchten es in Pfeifen.
1492 machte Kolumbus als erster Europäer Bekanntschaft mit dem Tabak. Spanien und Portugal importierten die Pflanze als Erste, von wo aus sie nach und nach ins übrige Europa vordrang. Anfangs nutzte man sie als Heilmittel für allerlei Gebresten. Der Tabak wurde geschnupft und inhaliert oder gebraut und getrunken. Im 16. Jahrhundert empfahl Jean Nicot, französischer Botschafter in Portugal und Namensgeber des Nikotins, den Tabak Katharina von Medici als Mittel gegen ihre Migräne.

### Der organisierte Handel
Vornehmlich die Franzosen und Briten begannen im 16. Jahrhundert mit dem Anbau des Tabaks. Sklaven erledigten auf den Plantagen Nordamerikas, der Antillen und Kubas die Arbeit. Die »Wunderpflanze« breitete sich nach Malta, Italien und nach den Niederlanden aus. Danach wurde sie in größerem Umfang auch in der Türkei, in Marokko und sogar in Japan angebaut.

England war für die Etablierung als Genussmittel entscheidend. Das Rauchen war am Hofe Elisabeths I. sehr beliebt. Seeleute und Aristokraten waren die Vorbilder für andere Schichten des Landes. Auf Empfehlung von Sir Walter Raleigh, des Geliebten der Königin, rauchten sogar Schwangere. Pflanzer in Virginia, North Carolina, Maryland und Kentucky wurden zu Spezialisten des Tabakanbaus. Im 17. Jahrhundert erhob Frankreich als erstes Land Importzölle.

*Einige einst ruhmreiche kubanische Marken sind heute verschwunden, so* La Corona *(die handgemachten),* La Escepción *und* Maria Guerrero *(oben). Ein Steinrelief aus Palenque in Mexiko zeigt einen aztekischen Raucher (linke Seite).*

**Zwischen Alter und Neuer Welt**

Schon 1739 benutzte Carl von Linné den Begriff *Nicotiana Tabacum*, aber erst 1809 entdeckte und isolierte Nicholas Vauquelin das Nikotin. Napoleons Soldaten hatten zwei Jahre zuvor in Spanien die Puros entdeckt, die Ahnen der Zigarren aus reinem Tabak, und verbreiteten sie dann über ganz Europa. Auch die Engländer trugen im 19. Jahrhundert zur Beliebtheit der ersten Zigarren bei, aber ihr eigentlicher Siegeszug begann im 20. Jahrhundert.

Die verbesserte Herstellung und Erscheinung der Zigarren, die Zigarrenkisten und die Bauchbinden verschafften ihnen einen Ruf als feines Genussmittel. Der Tabak wurde nicht mehr auf der Iberischen Halbinsel gerollt, weil er roh den Transport schlecht verträgt, sondern wird dort verarbeitet, wo er herkommt, wie Wein. Die Qualität wurde somit erheblich besser. In den 1940er- und 1950er-Jahren entstanden die heute weltberühmten Marken. Es kamen weitere hinzu, neue Formate und Größen wurden entwickelt.

In den 1990er-Jahren lagen Zigarren bei jüngeren und gebildeten Menschen im Trend, zunächst in den Vereinigten Staaten und bald auch anderswo. Sie tauchten in Büchern und Filmen auf und wurden zum Symbol einer gewissen Lebensart. Der Markt explodierte förmlich. Die Preise stiegen dramatisch, während in manchen Bereichen die Qualität zurückging. Aber gleichzeitig entwickelten sich auch die Kennerschaft und der Geschmack bei den Konsumenten, und beides verbreitert sich weiter. Wenn es noch eines Beweises bedurft hätte, so belegt dies, dass die Welt der Zigarren sehr lebendig bleibt, auch wenn nach der Jahrtausendwende ein Rückgang der Nachfrage zu verzeichnen ist.

# Zigarrenländer – Kuba

Kuba ist immer noch das gelobte Land für Zigarren-Liebhaber. Andere Regionen produzieren mittlerweile gleichfalls Zigarren in hoher Qualität, aber der Stoff, aus dem die Träume sind, stammt immer noch von den 62 000 Hektar zwischen Golf von Mexiko, Atlantik und Karibischer See.

### Die großen Marken
Die Zigarrenproduktion auf Kuba begann in der ersten Hälfte des 17. Jahrhunderts. Anfangs gab es nur kleine Manufakturen, und der Export entwickelte sich langsam mit dem Seehandel.
Den eigentlichen Beginn kann man auf 1827 datieren, als Partagás und die erste Fábrica gegründet wurden. Dann betraten andere Marken die Bildfläche: Por Larrañaga (1834), Punch (1840), H. Upmann (1844), Ramón Allones (1845), Sancho Panza (1848), Hoyo de Monterrey (1865), Romeo y Julieta (1875), El Rey del Mundo (1882) und Montecristo schließlich 1935. Man legte großen Wert auf die Qualität, die sich auf der ganzen Welt durchsetzte.

### Die Revolution
Die Machtergreifung Fidel Castros am 2. Januar 1959 führte zu beträchtlichen wirtschaftlichen Schwierigkeiten. Gemäß seinen marxistischen Prinzipien verstaatlichte er die Zigarrenindustrie und schaffte die Marken ab – der Export brach zusammen. Castro reagierte darauf, er gab den Farmern ihr Land zurück und ließ wieder Marken zu. Erst Mitte der 1960er-Jahre gewannen die kubanischen Zigarren ihr Ansehen zurück. Es wurden jährlich bis zu 350 Millionen Zigarren hergestellt, 150 Millionen davon »totalmente hecho a mano«, also vollständig handgemacht. Derzeit sind die Zahlen rückläufig.

HABANA

### Die fünf Regionen
Wie etwa der Wein, hat auch Tabak je nach Herkunftsgebiet seine besonderen Eigenschaften. Von Ost nach West gibt es auf Kuba fünf Hauptanbaugebiete:

• *Vuelta Abajo*   das beste Gebiet mit dem zweifellos besten Tabak der Welt umfasst 32 000 Hektar.

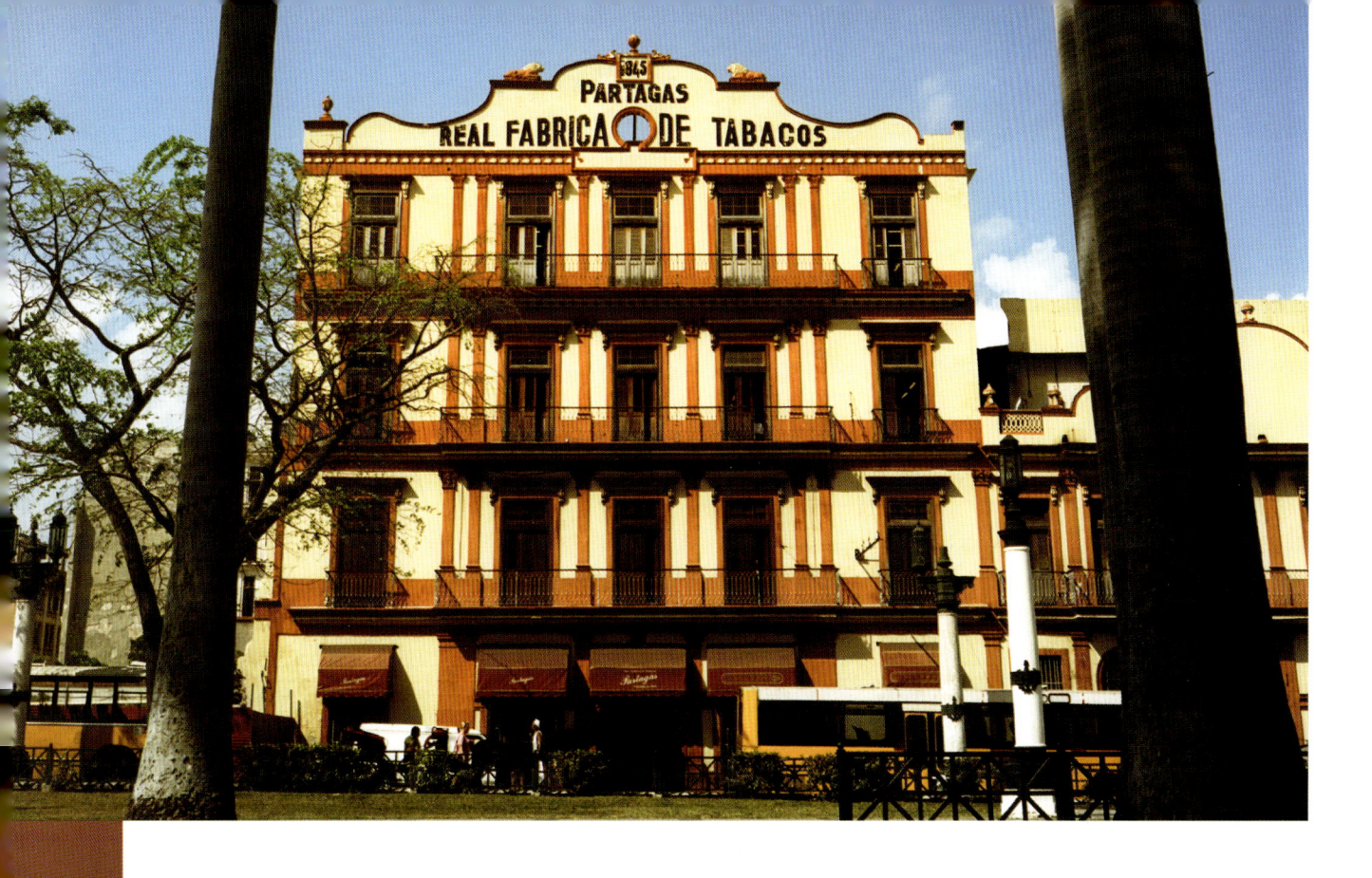

- *Semi-Vuelta* gleichfalls im Westen gelegen, aber in der Qualität nicht zu vergleichen. Der Tabak wird hauptsächlich zu Zigaretten verarbeitet.

- *Partido* das »Land der hellen Deckblätter« liegt in der Nähe von Havanna. Die helleren Blätter aus dieser Region werden manchmal zu Deckblättern – sehr zum Ärger mancher Traditionalisten.

- *Remedios* für die meisten Zigarrenraucher ist dies eine neue Region im Herzen der Insel. Bis vor Kurzem wurde ihr Tabak nur für den heimischen Markt verarbeitet. Die kubanischen Behörden haben große Anstrengungen zur Qualitätsverbesserung für den internationalen Markt unternommen und den Tabak »Vuelta Arriba« genannt. Die Bemühungen zahlen sich mit der Anerkennung für die Marke José Luis Piedra aus. In Remedios ließen sich im 17. Jahrhundert die ersten spanischen Vegueros (Tabakpflanzer) nieder.

- *Oriente* die Legende besagt, dass Kolumbus und seine Männer in dieser östlichen Provinz, genauer in Baracoa, wo sie landeten, den Genuss des Tabaks kennenlernten. Heute wird auf den weiten Ebenen fast nur Zigaretten-Tabak angebaut.

# Zigarrenländer – Vuelta Abajo

Der beste Tabak der Welt wächst in der roten Erde von Vuelta Abajo. Die Region besteht aus sieben Teilregionen, die sich in ca. 50 Vegas, Plantagenabschnitte, unterteilen. Die insgesamt 32 000 Hektar machen nur zwei Prozent der Fläche Kubas aus. Fast alle Havanna-Zigarren – sie beanspruchen 40 Prozent der kubanischen Tabakproduktion – stammen von hier. Aus der übrigen Tabakproduktion entstehen weniger anspruchsvolle Zigarren, Zigaretten und Zigarillos.

**Eine unerwartete Entdeckung**
Erstaunlicherweise wurde die Eignung der Region für den Tabakanbau erst 1772 entdeckt, obwohl die Spanier schon seit dem 16. Jahrhundert hier waren. Als Ergebnis einer blutigen Revolte zogen einige

**Beste Marken des Vuelta**
Bolívar
Cohiba
Cuaba
Diplomáticos
El Rey del Mundo
Hoyo de Monterrey
H. Upmann
Juan López
La Gloria Cubana
Montecristo
Partagás
Por Larrañaga
Punch
Quai d'Orsay
Rafael González
Ramón Allones
Romeo y Julieta
Saint Luis Rey
Sancho Panza
San Cristóbal
   de La Habana
Trinidad
Vegas Robaina

*Das Wunder einer Zigarre wird auf dem Tabakfeld geboren. Zur Ernte gehören Erfahrung und Sorgfalt, mehr Fingerspitzengefühl als Technik (rechte Seite).*

Vegueros westwärts in die spätere Provinz Pinar del Río und stießen auf die hervorragende Qualität des Bodens. Die Piraten wussten dies schon seit Jahrzehnten und zogen ihren Vorteil daraus.

**Die perfekte Alchemie**
In Vuelta Abajo herrschen auf der Welt einzigartige Umweltbedingungen. Das Zusammenwirken von Boden, Sonne, Feuchtigkeit und Seewind lässt sich trotz aller Anstrengungen anderswo nicht künstlich schaffen, wie die entsprechenden Versuche mit Tabakpflanzen auf Jamaika, Haiti und in der Dominikanischen Republik zeigen. Zusammen mit dem Know-how von Vegueros, Torcedores und anderen Tabaqueros entwickelt der Tabak in jeder Vega seinen eigenen Charakter. Es ist wie beim Wein. San Juan y Martinez, *Vega 12*, und San Luis, *Vega 13*, gelten als die besten. Mit dem unerreicht mineralreichen, sandigen Boden, dem chemiefreien Aufwuchs und der von Agroingenieuren überwachten Bewässerung, produzieren die einzelnen Fincas eine große Vielfalt von Tabaksorten als Grundlage für die Mischungen der einzelnen Marken und Formate. Die Hauptsorten sind der Criollo, der zumeist zur Einlage wird, der Corojo, der die besten Deckblätter liefert, und Habana 92 und Habana 2000, die eine Kreuzung der beiden vorgenannten Sorten darstellen. Sie wurden nach dem Befall mit dem blauen Mehltau 1980 gezüchtet.

Diese Region liefert sowohl die besten Einlagen wie auch die schönsten und seidigsten Deckblätter für Havanna-Zigarren. Auf Vuelta Abajo liegt eben der Segen der Götter.

# Zigarrenländer – Dominikanische Republik

Die Dominikanische Republik liegt auf der Osthälfte der karibischen Insel Haiti und hat eine lange Geschichte des Tabakrauchens, die bis zu den Eingeborenen zurückreicht. Auch hier wurde Kolumbus Zeuge der merkwürdigen Gebräuche.

### Geschichtliche Hilfestellungen
Lange Zeit spielte der Tabakanbau keine besondere wirtschaftliche Rolle. Anfang des 20. Jahrhunderts importierte man aus Kuba Setzlinge, und als Amerika nach der kubanischen Revolution neue Tabaklieferanten brauchte, war hier die Bühne für einen prosperierenden Wirtschaftszweig bereitet.
Das amerikanische Embargo gegen Kuba 1962, der Staatsstreich in Nicaragua 1979 und die politische Instabilität von Honduras bildeten den Hintergrund für den Aufstieg des Landes zur Tabakmacht. Heute wird die Qualität der Zigarren nicht mehr in Zweifel gezogen.

### Ein neues »gelobtes Land«
Die Ähnlichkeit von Boden und Klima zu Kuba hat seit den 1980er-Jahren etliche große Zigarrenhersteller ins Land gelockt. General Cigars mit den Marken Partagás, Ramón Allones, Canaria d'Oro, die Consolidated Cigar Corporation mit den Marken Montecruz, H. Upmann, Don Diego und die Firmen Fuente, Davidoff und andere fanden hier nicht nur gute Umweltbedingungen vor, sondern auch innovative und unternehmerische Menschen. Die Erfolge dominikanischer Zigarren sind in der Regel mit den Anstrengungen besonders willensstarker Unternehmer verbunden. Sie werden von den US-Amerikanern ebenso geschätzt wie die feinen Aromen und Geschmacksrichtungen ihrer Zigarren.

**Beste Marken der Dominikanischen Republik**
Arturo Fuente – Ashton – Bauza – Davidoff – Don Diego – Dunhill – Juan Clemente – La Aurora – La Flor Dominicana – Laura Chavin – Macanudo – Montecristo – Nat Sherman – Partagás – Pléiades – Royal Jamaica – Santa Damiana – Vega Fina

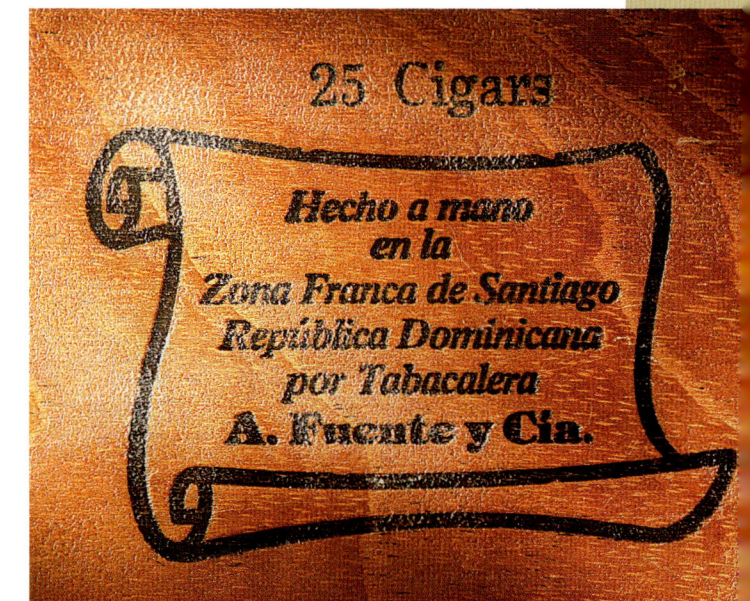

### Ein blühender Markt

Jährlich werden 350 Millionen Zigarren exportiert, davon zwei Drittel in die Vereinigten Staaten. Damit ist die Dominikanische Republik die Nummer eins auf dem Weltmarkt. Diese Nachfrage hat in den letzten Jahren zur Schaffung eines Dutzends von Marken geführt. Aber man hat darauf geachtet, die Reputation nicht zu verspielen. In den letzten dreißig Jahren sind die Herstellungstechniken und die Anbaumethoden ebenso wie die Mischungen und Aromen beständig verbessert worden.

### Feine Mischungen

Die besten Plantagen befinden sich an der Nordwestseite der Insel in dem Tal Yaque, das manche enthusiastisch mit Vuelta Abajo vergleichen.

Es werden vornehmlich drei Sorten angebaut: Color Dominicano, auch als Chago Diaz bekannt, der einen feinen milden Geschmack ergibt; Piloto Cubano, der von Tabakpflanzen aus Vuelta Abajo abstammt und einen vollen, kräftigen Geschmack hat; San Vicente, ein leichterer und säuerlicher Hybrid des Letzteren.

Weil derzeit der Tabak eher hell und leicht ist, bedienen sich die Dominikaner für Einlage und Deckblätter gern anderswo.

Für die Einlage nimmt man stärkeren honduranischen, mexikanischen und brasilianischen Tabak, die Deckblätter kommen aus Connecticut, Kamerun und Ecuador.

Dank ihrer Fähigkeiten und Marktkenntnisse werden die Dominikaner vermutlich bald selbst exzellente Deckblätter erzeugen.

# Zigarrenländer – Honduras

Honduras hat sich in den letzten fünfzig Jahren mit seinen Qualitätszigarren einen Namen gemacht und streitet mit Kuba darum, wer der drittgrößte Exporteur von handgemachten Zigarren auf der Welt ist. Auch hier wurde schon vor der Ankunft von Kolumbus 1502 Tabak geraucht. Wie in der Dominikanischen Republik wurde der Tabak vor der kubanischen Revolution nur für den eigenen Verbrauch produziert.

**Morgenröte nach 1960**
Kubanische Tabakpflanzer siedelten sich ab 1960 in Honduras an; sie brachten ausländisches Kapital und Tabaksamen aus Kuba mit. Der Tabak wurde mit heimischen Sorten gekreuzt, und die Investitionen nahmen schnell größeren Umfang an. Schon 1962 hatten Tabak-Barone wie Fernando Palacio, Dan Blumenthal und Franck Llaneza Marken wie Belinda, Punch und Hoyo de Monterrey auf honduranischem Boden gegründet oder wieder belebt. Von 1972 an ließ die United States Tobacco International ihre Marken in Honduras produzieren.
Als sich die politische Lage im Lande 1990 stabilisiert hatte, ging es mit der Tabakindustrie enorm bergauf. 1999 konnte man sogar schwere Schäden durch den Hurrikan »Mitch« verkraften.

**Die Tabakregionen**
Es gibt drei Tabakanbaugebiete. Das beste ist das Jalapa-Tal im Südosten. Manche vergleichen die Qualität von Danlí, Morocelí und Talanga mit der von Vuelta Abajo. Die Plantagen von Santa Rosa de Copán liegen auf großer Höhe im Westen. Im Tal Sula im Nordwesten haben sich viele kubanische Emigranten niedergelassen.
Man baut verschiedene Tabaksorten an, unter anderem auch Tabak aus Connecticut, aus dem schöne, dunkelbraune Deckblätter entstehen. Copaneco ist die einzige einheimische Sorte. Criollo, Cojo und die neueren Hybridsorten Habana 92 und Habana 2000 werden ebenfalls gepflanzt.
Außerdem verwendet man für die Zigarrenproduktion Tabake aus der Dominikanischen Republik, Costa Rica und Ecuador als Einlagen.

**Zigarren mit Charme**
Honduranische Zigarren werden wegen ihrer eleganten Milde sowie ihres feinen und nachhaltigen Geschmacks geschätzt. Die Vereinigten Staaten importieren mehr als 60 Millionen Stück im Jahr. Auch in Europa gewinnen sie beständig an Boden. Die stolzen Honduraner scheuen keinen Vergleich mit den Havannas.

*Beim Trocknen werden die Tabakblätter ständig auf Parasiten, Austrocknung und Fäule kontrolliert. Deshalb sind die Trockenschuppen gut belüftet.*

**Beste Marken aus Honduras**
Cuba Aliados – Bances – Don Ramos – Don Tomás – Excalibur – Flor de Copán – Flor de Selva – Indian Tabaco Cigar

# Zigarrenländer – Nicaragua

Der Tabak spielt in Nicaragua eine ähnliche Rolle wie sonst in Mittelamerika auch. Das Land wurde im 16. Jahrhundert von den Spaniern kolonisiert. Der Anbau und die Produktion von Zigarren begannen aber erst richtig mit der entsprechenden Nachfrage aus den Vereinigten Staaten.

**Eine bewegte Geschichte**
Erst in den 1960er-Jahren wurde man auf die Möglichkeiten der Zigarrenproduktion in Nicaragua aufmerksam. Die Marke Joya de Nicaragua fand überall Beifall. Es war ein Segen für die lokale Tabakwirtschaft, als der Kubaner José Padrón 1970 die Produktion aufnahm. Die Kämpfe zwischen den Sandinisten und den Kontras in den folgenden Jahren brachten große Verwüstungen von Orten, Plantagen und Fabriken mit sich. Zu allem Überfluss schädigte in den 1980er-Jahren der Mehltau die Pflanzen und die eingelagerten Vorräte erheblich. Die Tabakindustrie brauchte nach dem Ende der Sandinisten 1988 zehn Jahre, um ihren heutigen Status zu erreichen. 1998 richtete, wie in Honduras, der Hurrikan »Mitch« schwere Schäden an und vertrieb etliche Tabaqueros nach Costa Rica.

**Ein Land mit Zukunft**
Heute sind die Fachleute wieder da. Man hat nicht nur eine gemeinsame Grenze mit Honduras, sondern auch einen ähnlich fruchtbaren Boden und ausreichend Wasser. Die Hauptanbaugebiete sind das Jalapa-Tal um Estelí und Ocotal im Nordosten und die Insel Omotepe mitten im Nicaraguasee. Hier baut man Connecticut-Tabak für Deckblätter an, ebenso Criollo als Umblatt und Einlage. Auch die Mehltau-resistenten Sorten Habana 92 und Habana 2000 werden angebaut.
Die Regierung unterstützt die Kultivierung von Land. Damit und mit den niedrigen Lohn- und Materialkosten erreichen die nicaraguanischen Zigarren ein erstaunliches Preis-/Leistungsverhältnis. Wenn man die seit Langem gepflegten Fertigkeiten und Fähigkeiten sowie die beständigen Qualitätsverbesserungen betrachtet, kann man davon ausgehen, dass der Zigarrenexport aus Nicaragua stetig zunehmen wird.

---

**Beste Marken aus Nicaragua**
Joya de Nicaragua
La Meridiana
Padrón

# Weitere Zigarrenländer – 1 –
## Mexiko, Costa Rica, Ecuador, Jamaika, Brasilien

**Mexiko**
Der Ursprung des Tabakrauchens dürfte in Mexiko liegen. Die Mayas kultivierten die einheimische Pflanze Nicotiana Tabacum schon vor 3000 Jahren. Das heilige Kraut wurde nur von hohen Priestern geraucht, um mit den Göttern in Kontakt zu treten; es wurde auch als Heilmittel genutzt, besonders gegen Fieber. Nach Erreichen der Unabhängigkeit 1821 begann Mexiko eine Tabakwirtschaft aufzubauen. Nach dem amerikanischen Embargo gegen Kuba 1962 stieg der internationale Absatz bedeutend an.
Heute ist Mexiko mit 10 Millionen Zigarren der viertgrößte Lieferant der Vereinigten Staaten. Die Plantagen im San Andrés-Tal in der Provinz Veracruz bringen einen exzellenten dunklen und für Deckblätter geeigneten Tabak hervor. Die Sorten sind Criollo und Abkömmlinge von Tabak aus Sumatra, die holländische Pflanzer nach dem Zweiten Weltkrieg aus Indonesien mitgebracht haben. Mexikanische Zigarren sind für ihre Ausgewogenheit, Konsistenz und günstige Preise bekannt.

*Beste Marken: Cruz Real, Excelsior, Santa Clara, Te-Amo, Vera Cruz.*

**Costa Rica**
Das Land, dessen Name »reiche Küste« bedeutet, liegt südlich von Nicaragua. Zum Zigarrenland wurde Costa Rica eigentlich erst nach dem Hurrikan von 1999, dessen Zerstörungen in Nicaragua etliche Tabakspezialisten hierher führten. Die Deckblätter genießen einen guten Ruf.

*Beste Marken: Bahia Gold, CAO.*

### Ecuador

Das tropische Klima des zwischen Kolumbien und Peru gelegenen Landes ist für den Tabakanbau günstig. Connecticut-Tabak gedeiht hier vorzüglich. Die Deckblätter sind wegen ihrer Qualität und ihres Preises sehr gefragt.

*Beste Marken: Es werden keine eigenen Zigarren hergestellt, sondern Deckblätter nach Honduras (Bances, Cuba Aliados, Habana Gold), Nicaragua (Joya de Nicaragua) und in die Dominikanische Republik (Bauza, Sosa) geliefert.*

### Jamaika

Als Kolumbus 1494 im »Land der Quellen«, Xamaica, landete, rauchten die Arawaks gerollte Tabakblätter. Unter britischer Herrschaft begann 1655 die Plantagenwirtschaft, und rund um Kingston entstanden Manufakturen; die Zigarren gab es lange Zeit nur in Großbritannien. Nach 1962 entdeckte man sie auch in den Vereinigten Staaten (derzeit bis zu 15 Millionen Stück pro Jahr), aber kaum in der übrigen Welt.

Der Tabak hier stammt von kubanischen, dominikanischen, mexikanischen und honduranischen Sorten ab. Deckblätter kommen aus Connecticut, Brasilien und Indonesien.

*Beste Marken: Cifuentes, Macanudo, Temple Hall.*

### Brasilien

Brasilien ist mit fast 300 000 Tonnen der zweitgrößte Tabakexporteur der Welt. Die Tabakgeschichte reicht bis ins 17. Jahrhundert zurück. Im Staat Bahia befinden sich viele große Plantagen. Der beste Tabak stammt aus Mata Fina, Mata Norte und Mata Sul. Die Zigarren finden besonders in den Vereinigten Staaten wegen ihres vollen Geschmacks immer mehr Anerkennung. Die dunklen Deckblätter verleihen ihnen ein robustes Äußeres, aber sie vereinen beim Rauchen Fülle und Milde.

*Beste Marken: Don Pepe, Suerdieck.*

# Weitere Zigarrenländer – 2 –
## Vereinigte Staaten, Kanarische Inseln, Indonesien, Philippinen, Kamerun

**Vereinigte Staaten**
Die Vereinigten Staaten sind sowohl der größte Produzent als auch der größte Konsument von Zigarren auf der Welt. Aber seit die amerikanischen Zigarren aus Kostengründen maschinell hergestellt werden, fehlt es ihnen an Aroma und Geschmack, zumindest im Vergleich zu den besten Zigarren aus anderen Ländern. Im Allgemeinen schmecken sie grün, häufig süßlich und sind künstlich aromatisiert. Ihre glanzlosen Deckblätter sind mit Tabakpulver bestäubt.

Begonnen hat die amerikanische Tabakindustrie in Virginia. Heute ist Florida der Hauptproduzent mit dem Schwerpunkt auf Zigarillos. Auch in Maryland und Kentucky gibt es Plantagen. Das Juwel des amerikanischen Tabaks wächst auf 1000 Hektar in Connecticut auf sandigem Lehmboden: Hier werden schon seit Langem die teuersten Deckblätter der Welt unter riesigen Gazeplanen zum Schutz gegen zu viel Sonne produziert.

*Beste Marken: Hava Tampa und Grenadiers werden maschinell hergestellt und dürfen nicht mit handgemachten Zigarren wie La Gloria Cubana verwechselt werden, die es seit zwanzig oder dreißig Jahren gibt.*

**Kanarische Inseln**
Wenn die kanarischen Zigarren keine größere internationale Rolle spielen, so liegt das nicht an einem Mangel an Erfahrung in der Branche – Zigarren werden hier schon lange produziert. Die meisten Plantagen liegen auf La Palma, wo in den Bergen von Breña Alta Tabak für Einlagen angebaut wird. Die Deckblätter wachsen im Norden in Caldera del Tabariente. Man bedient sich hier der kubanischen Methoden zur Zigarrenherstellung. Die Inseln sind der letzte Ort in Europa, an dem Zigarren von Hand hergestellt werden.

*Beste Marken: S.T. Dupont, Peñamil, Vargas.*

**Indonesien**
Als Land der Pfeifen und des Opiums interessierte man sich in Indonesien erst im 19. Jahrhundert für Tabak, obwohl die Pflanze schon zweihundert Jahre zuvor an die Küsten gelangte. Die Produktion handgemachter Zigarren gehört zum holländischen Erbe.

Tabak wächst auf Sumatra, Java und Borneo. Aus Sumatra kommt ein brauner Tabak, dessen milde dünne Blätter exzellente Deckblätter ergeben. Java produziert weniger gute Deckblätter. Der Einlage-Tabak »Dutch Flavor« kommt aus Borneo. Er ist trocken, hat einen leicht bitteren Geschmack und ein unkompliziertes Aroma.

*Beste Marken: Calixto Lopez, Montague.*

*In den Vereinigten Staaten, vornehmlich in Florida und Kalifornien, finden sich kleine »Galeras«, in der zumeist kubanische Immigranten »fast wie zu Hause« Zigarren von Hand rollen (rechte Seite).*

### Philippinen
Die Leute aus der Tabakindustrie des Landes bestehen darauf, dass Magellan persönlich den Tabak 1521 aus Brasilien auf die Inseln brachte. In Asien spielt der philippinische Tabak eine führende Rolle. Die beste Zeit für Zigarren war das 19. Jahrhundert, als man Havannas als einzige für vergleichbar mit »Manila«-Zigarren hielt – in dieser Reihenfolge. Heute genießen die Zigarren keinen so guten Ruf – sie sind stark, bitter und haben wenig Geschmack.

*Beste Marken: Double Happiness, La Flor de la Isabela.*

### Kamerun
In den 1980er-Jahren schien die Herstellung von rein kamerunischen Zigarren unmittelbar bevorzustehen – man wartet heute noch darauf.
Die Plantagen liegen in der Region Bertoua nahe der östlichen Landesgrenze.

*Beste Marken: Es gibt keine kamerunischen Zigarren, aber einige dominikanische Marken, wie Arturo Fuente, La Aurora und Montecruz, haben Deckblätter aus Kamerun.*

# Tabakanbau – Vom Setzling zur Casa de Tabaco

Der Anbau der Tabakpflanzen verläuft im Wesentlichen überall so, wie hier am kubanischen Beispiel beschrieben. Die Vegueros (Pflanzer) bereiten Ende August den Boden vor. Das Wachstum dauert von Oktober bis Ende März oder Anfang April. Zuerst werden die Setzlinge für Deckblätter gesetzt, dann folgen im November nach und nach die Setzlinge für den Einlage-Tabak. Der Anfang November gepflanzte Tabak wird Ende Januar geerntet, der von Mitte November bis Anfang März und der von Ende November in den ersten Apriltagen. Dann wird der Boden zur Regeneration sich selbst überlassen. Wenn die Setzlinge aus der Semillero (Saatzuchtanlage) kommen, sind sie 8 bis 13 cm groß. Drei Monate später ist die Pflanze 1,75 m hoch.

**Erstaunliche Schönheit**
In jedem Moment ihres Wachstums bilden die Pflanzen mit ihren leuchtend grünen Blättern einen Kontrast zur roten Erde. Spektakulär wird der Anblick, wenn die großen Baumwollbahnen (Tapados) über die Deckblattpflanzen (Caballerias) gespannt sind, um sie vor Regen und Wind zu schützen und ihnen optimale Bedingungen zu schaffen.
Die Blätter für die äußere Umhüllung der Zigarren müssen absolut perfekt, groß, gleichmäßig und fleckenlos sein. Die gigantischen weißen Gazebahnen sollen weniger dem Wachstum, sondern mehr der Qualität der Blätter dienen.

**Sechs Etagen**
Ob es sich um Tabaco del Sol für Einlage und Umblätter oder Tabaco Tapado für die wertvollen Deckblätter handelt – die Pflanze wird von unten nach oben in sechs Etagen eingeteilt: libre de pie, uno y medico, centro ligero, centro fino, centro gordo und corona. Die Blätter werden von unten nach oben gepflückt. So kann genau gezählt werden, wie viele Blätter eine Cosecha (Ernte) erbringt. Die Intensität der Blätter nimmt natürlich mit dem Wachstum zu. Die Etagen werden jede für sich etwa im Abstand einer Woche geerntet. Die sorgfältige Ernte zum richtigen Zeitpunkt ist eine wichtige Voraussetzung für das spätere Mischen der Tabake.

**Trocknung und erste Fermentation**
Die Blätter werden nach dem Pflücken mit ihren Stielen vorsichtig zu den Casas de Tabaco gebracht. Diese Trockenschuppen aus Holz sind gut belüftet. Die Blätter werden paarweise zu sogenannten »Händen« zusammengebunden und aufgehängt. Nach drei Monaten haben sie die meiste Feuchtigkeit verloren. Ihre Farbe reicht dann von grün über gelb zu hellbraun, die Aromen sind optimal konzentriert. Nun sind die Blätter bereit für die erste Fermentation. Dazu werden sie zu Gavillas (Bündeln) geschichtet. Je nach der vorgesehenen Verwendung als Einlage, Umblatt oder Deckblatt dauert diese Fermentation drei bis acht Wochen. Nach einer Sortierung folgt die wichtige zweite Fermentation.

*Tapados als Sonnen- und Windschutz über Deckblättern (links).*
*Von Hand unmittelbar über dem Stängel gepflückt, werden die Blätter mit*
*größter Sorgfalt behandelt. Nach einer strengen Auslese werden die schönsten*
*zu Deckblättern. Sie müssen möglichst seidig und gleichmäßig sein (rechts).*

# Herstellung – Die Kunst des Torcedor

Bevor der Tabak in die Hände des Torcedor gelangt, durchläuft er noch eine weitere Entwicklung, in der er seine endgültige Farbe annimmt, die Bitterkeit verschwindet und die aromatische Komplexität entsteht.

**Die weitere Fermentation**
Nach der ersten Fermentation im Casa de Tabaco kommen die Einkäufer der Fábricas in die Escogida, das Haus, in dem die Blätter sortiert werden. Die Deckblätter werden wieder befeuchtet und in Garben (Tercios) gebündelt, die mit Palmenblättern zur besseren Fermentation und Belüftung abgedeckt werden.
Einlagentabak fermentiert in Fässern bei hoher Temperatur und wird zur Belüftung häufig umgeschichtet. Mehrfach am Tag wird dieser etwas über einen Monat dauernde Vorgang kontrolliert. Danach folgt eine zweite Sortierung, bei der jedes Blatt auf seine Eignung für Zigarren geprüft wird. Abschließend folgt die weitere Fermentation (häufig fälschlich als dritte beschrieben), die je nach Qualität ein bis drei Jahre dauert, wobei die besten Blätter häufig am längsten reifen. Dann endlich beginnt die Verarbeitung zur Zigarre.

**Die Kunst der Präzision**
Die Zigarrenroller sind die Könige der Fábrica. Die Geheimnisse ihrer Kunst sind traditionell vom Vater an den Sohn oder von der Mutter an die Tochter weitergegeben worden. Frauen waren für einige Zeit die Spezialisten für das Entrippen des Blattes. Die Geschwindigkeit und Geschicklichkeit ist erstaunlich, mit der sie das Blatt glätten und den Stängel entfernen. Nach der Sortierung nach Größe und Farbe geraten sie unter die Messer des Torcedor, der mit diesen Chavetas genannten kleinen Macheten verbliebene Adern herausschneidet, bevor das Rollen beginnt.
Dabei wird immer ein bestimmtes Format gerollt, wobei es auf ein Gramm und einen Millimeter ankommt. Die ganze Kunstfertigkeit ist darauf gerichtet, jede Zigarre gleich zu machen und die Gleichmäßigkeit des Brandes und des Zuges zu garantieren. Jeder Torcedor hat fünf Arten von Tabak vor sich: Deckblätter, Umblätter und drei Sorten Einlagen. Darunter ist der Ligero der stärkste, Seco der aromatischste und Volado der am besten brennbare. Zunächst schneidet er ein halbes Deckblatt an beiden Enden zu. Dann nimmt er zwei halbe Umblätter und rollt sie mit den drei zusammengepressten Einlagen zur sogenannten Muneca, der Puppe. Dann wird die Puppe in das Deckblatt gewickelt und mit einem geschmacklosen, pflanzlichen Harz versiegelt. Abschließend werden der runde Kopf geformt, Überstände und der Fuß abgeschnitten, bevor der Körper mit der stumpfen Seite der Chaveta geglättet wird.

**Mensch gegen Maschine**
Aus einer Vielzahl von Gründen, die zumeist direkt mit den Lohnkosten zusammenhängen,

haben sich viele Marken für eine maschinelle Produktion entschieden. In den Vereinigten Staaten, dem größten Zigarrenproduzenten, ist fast keine Zigarre hecho a mano oder totalmente a mano. Andererseits haben sie die »Sucking Machine« erfunden, die zur Qualitätskontrolle eine Zigarre nach der anderen in Kette raucht. Diese wird auch in der Dominikanischen Republik benutzt. Es gibt jedoch keinen Ersatz für eine handgemachte Zigarre. Feine, dünne Deckblätter können nur von Menschen gehandhabt werden, Maschinen würden sie im Nu zerreißen. Große Zigarren entstehen nur durch die Geschicklichkeit und Erfahrung der Torcedores.

# Galeras –
# Vom Tabak zur Zigarre

Die Galera ist das Herz der Fábrica. Der Begriff ist kubanisch und stammt aus der Zeit, als die Arbeiter in Zigarrenfabriken überwiegend Sträflinge waren. Die Aufteilung des Raumes mit den konzentriert in langen Reihen an ihren Werkbänken (Vapores) arbeitenden Torcedores erinnert an Galeeren.

### Ein wohlgehütetes Geheimnis
Eine der Merkwürdigkeiten bei den Galeras ist die Tatsache, dass sie häufig Zigarren für fremde Marken herstellen. Bolívar, Cohiba, Ramón Allones und La Gloria Cubana werden bei Partagás produziert, Montecristo, Diplomáticos und Vegas Robaina bei H. Upmann. Das ist deshalb möglich, weil die Roller zwar genaue Anweisungen über die zu verwendende Tabakmischung bekommen, aber nie erfahren, welche Bauchbinde die Zigarre schließlich erhält. Die Bauchbinde wird weit weg von jeder Galera in der Escaparate umgelegt, einem Kabinett mit konstanter Luftfeuchtigkeit und Temperatur.

### Die Namen der Galeras
So wie jede Marke Namen und Definitionen für ihre Formate und Modelle hat, haben die Zigarrenmacher eine weitere Ebene präziser Klassifikation festgelegt. Eine »Lonsdale« zum Beispiel kann als Dalia oder Cervantes bezeichnet werden, eine »Gran Corona« als Corona Gorda, Corona Grande oder Cazador. Diese Bezeichnungen werden Galeras genannt, von denen es in Kuba 68 gibt. Im zweiten Band »Die feinsten Zigarren der Welt« werden sie von der größten zur kleinsten präsentiert, dazu die Angaben der Länge, des Durchmessers und des Ringmaßes. Das Ringmaß ist der Durchmesser, ausgedrückt in einem Vielfachen eines vierundsechzigstel Inches. Ringmaß 64 würde also einen Durchmesser von 1 in. (2,54 cm) bedeuten.

> **Der Vorleser**
> Die Tradition des Vorlesens entstand zu der Zeit, als Sträflinge die Zigarren rollten. Wahrscheinlich entwickelte sie sich von der ursprünglichen Aufsicht allmählich zur Unterhaltung und Erziehung. Heute wird hierbei sehr auf Qualität geachtet.

| Galera | Länge (mm) | Durchmesser (mm) | Ringmaß | Format |
| --- | --- | --- | --- | --- |
| Salomón | 184 | 22,62 | 57 | Salomón |
| Rodolfo | 180 | 21,43 | 54 | Gran Pirámide |
| Sublime | 164 | 21,40 | 54 | Sublime |
| Pirámide | 156 | 20,64 | 52 | Torpedo |
| Campana | 140 | 20,64 | 52 | Torpedo |
| Exquisito | 145 | 17,82 | 45 | Figurado |
| Gran Corona | 235 | 18,65 | 47 | Especial |
| Diadema | 235 | 16,66 | 42 | Diadema |
| Prominente | 194 | 19,45 | 49 | Double Corona |
| Julieta | 178 | 18,65 | 47 | Churchill |
| Cañonazo | 150 | 20,64 | 52 | Gran Robusto |
| Doble | 155 | 19,84 | 50 | Gran Robusto |
| Corona Gorda | 143 | 18,26 | 46 | Gran Corona |
| Edmundo | 135 | 20,64 | 52 | Robusto |
| Hermoso N° 4 | 127 | 19,05 | 48 | Robusto |
| Robusto | 124 | 19,84 | 50 | Robusto |
| Dalia | 170 | 17,07 | 43 | Lonsdale |
| Cervantes | 165 | 16,67 | 42 | Lonsdale |
| Corona Grande | 155 | 16,67 | 42 | Gran Corona |
| Corona | 142 | 16,67 | 42 | Corona |
| Colonial | 132 | 17,46 | 44 | Corona |
| Petit Edmundo | 110 | 20,64 | 52 | Half Robusto |
| Petit Robusto | 102 | 19,84 | 50 | Half Robusto |
| Mareva | 129 | 16,67 | 42 | Petit Corona |
| Almuerzo | 130 | 15,87 | 40 | Petit Corona |
| Rey | 110 | 15,87 | 40 | Petit Corona |
| Minuto | 110 | 16,67 | 42 | Très Petit Corona |
| Laguito N° 1 | 192 | 15,08 | 38 | Gran Panetela |
| Delicado | 185 | 14,29 | 36 | Gran Panetela |
| Panetela Larga | 175 | 11,11 | 28 | Panetela |

# Qualitätskontrolle

Die Spitzenqualität der besten Zigarren ist das Ergebnis zahlreicher Qualitätskontrollen in jedem Stadium der Produktion. Die Hersteller sind sich der gewachsenen Erwartungen der Aficionados bewusst.

### Der Geschmackstest

Wenn die Roller ihre Zigarren fertiggestellt haben, werden sie zu einem Bündel von 50 Stück, genannt »halbes Rad«, zusammengebunden und mit der Nummer des Rollers und dem Datum gekennzeichnet. Nachdem sie die Prüfung nach Größe, Durchmesser, Konsistenz, Kompaktheit, Textur und Farbe durchlaufen haben, wird ihr Geschmack getestet. Die Tester bewerten streng nach den folgenden fünf Kriterien:

- *Zug:* Es gibt sieben Stufen von sehr exzessiv bis sehr unzureichend.
- *Stärke:* Es gibt acht Stufen von sehr stark bis sehr leicht.
- *Aroma, Brand, Geschmack:* Es gibt sechs Stufen von exzellent bis sehr schlecht.

Zusammengenommen bilden diese Eigenschaften die Charakteristik einer Zigarre. Die Noten der blinden Verkostung werden einem Manager übergeben, der sie über die Nummer einem Roller zuordnen und entsprechend eingreifen kann. Bei einer schlechten Beurteilung muss sich der Roller rechtfertigen. Wenn ein Tester zu einem sehr abweichenden Ergebnis kommt, probiert er eine wei-

*Eine Guillotine zum Abschneiden des Fußes. Dies ist ein wichtiger Schritt, weil jedes Format seine präzisen Maße hat. Das Bild ist nicht ganz richtig, weil die Bauchbinde erst später hinzugefügt wird (links).*
*Die Präzision des Schnitts ist sehr wichtig, weil sie das Anzünden und damit den ganzen Brand beeinflusst (unten).*

**Unter Kontrolle**
Ein Torcedor genießt zwar großen Respekt, unterliegt aber auch strengen Kontrollen. Nur die Erfahrensten und Geschicktesten dürfen Premium-Zigarren rollen, die auch am strengsten kontrolliert werden. Etwa 20 Prozent ihrer Produktion werden nach dem Zufallsprinzip überprüft. Normalerweise haben nur zwei Zigarren aus einem Bündel kleine Fehler. Wenn es mehr sind, wird das ganze Bündel kontrolliert. Sind mehr als vier Prozent fehlerhaft, wird das Gehalt des Torcedor gekürzt.

tere Zigarre aus dem Bündel. Bleibt er bei seinem negativen Urteil, wird die Zigarre auseinandergenommen und genau analysiert. Wenn ein Fehler vorliegt, werden die Zigarren der Serie zurückgezogen und der Torcedor zur Verantwortung gezogen.

**Kontrolle per Augenschein**
Als Nächstes kontrolliert ein Spezialist die Form des Kopfes und des Fußes. Er oder sie wählt dann zufällig zehn Zigarren aus dem halben Rad aus und prüft ihre Farbe, die Form, das Deckblatt und die Festigkeit. Der Gesamteindruck und die Geschmeidigkeit sind von äußerster Wichtigkeit. Die Anfühlung sagt etwas über die Qualität des Rollens aus, die für den Brand entscheidend ist. Gelegentlich muss ein Torcedor die Zigarre in ein neues Deckblatt rollen. Aussortierte Zigarren, sogenannte Rezagos, dürfen von den Angestellten geraucht werden.

Weitere Überprüfungen gibt es, wenn die Zigarren nach Farben sortiert, mit der Bauchbinde versehen und von den Envasadores in die Kisten verpackt werden. Die dunkelste Zigarre kommt nach links, die hellste auf die rechte Seite. Diese penible Genauigkeit in allen Stufen ist die einzige Garantie für die Perfektion des Produktes.

# Der Aufbau einer Zigarre

Nach Rudyard Kipling ist eine Zigarre Rauch. Gewiss. Aber was noch?
Wir haben gesehen, wie der Tabak heranwächst, wie er reift und mit welcher Sorgfalt er verarbeitet wird. Wir wissen, wie viel Geduld und Aufmerksamkeit der Tabak in jedem Stadium seines Weges erfordert und wie viel Professionalität vom Pflücken über das Rollen bis zum Prüfen der Zigarren den Prozess bestimmt. Aber nun wollen wir die Details einer Zigarre betrachten.

### Die Schlüsselzahl 3
Eine Zigarre besteht sowohl in der Längsrichtung als auch im Durchmesser jeweils aus drei Teilen. In voller Länge hat sie einen Kopf, den man zwischen die Lippen nimmt, einen Körper in der Mitte und einen Fuß, an dem sie angezündet wird. Einige Raucher beschreiben ihren Rauchgenuss abschnittsweise von Kopf bis Fuß. In der Regel beginnt er trockener, wird dann reichhaltiger und komplex und endet in einem opulenten Finale. Von innen nach außen betrachtet besteht eine Zigarre zunächst aus der Einlage, einer Mischung verschiedener Tabake (in Kuba Seco, Ligero und Volado, siehe dazu S. 24). Die Haupteigenschaften des Geschmacks werden hiervon bestimmt. Die Einlage wird von einer Schicht umhüllt, dem Umblatt, das üblicherweise aus zwei halben und kleineren Blättern besteht als das äußere Deckblatt. Das Umblatt hat die Funktion, die Einlage so zusammenzuhalten, dass der Brand und die Zugeigenschaften optimal sind.

Die Erscheinung einer Zigarre, der erste Eindruck, den sie hinterlässt, wird nahezu vollständig vom Deckblatt bestimmt. Aber diese Oberfläche der Zigarre sagt auch etwas über die Qualität der Herstellung und ihren Reifezustand aus, ist also zugleich mehr als nur das Äußere. Das Deckblatt sollte weich, gleichmäßig und fleckenlos sein. Grüne Flecken sind ein Zeichen für zuviel Chlorophyll, Schimmel zeigt sich durch grauen oder weißlichen Belag. Winzige weiße Flecken sind akzeptabel. Sie stammen von einer geringfügig zu großen Feuchtigkeit und können abgewischt werden. Wenn die Zigarre Löcher hat, ist sie vom Tabakkäfer *Lasioderma serricorne* befallen.

### Totalmente, Hecho oder Machine?
Bis hierher haben wir die Herstellung der besten Zigarren ins Auge gefasst. Diese Methoden gelten aber nicht für alle. Es gibt drei Herstellungsweisen.
- *Totalmente a mano:* Diese Bezeichnung, außerhalb Kubas manchmal »hand made« oder »made by hand«, ist die einzige gesetzmäßig definierte. Von der Mischung des Einlagetabaks bis zum Rollen wird alles von einem Torcedor von Hand ausgeführt und nur die Chaveta, das Messer, benutzt. Der Neuling mag sich über die Gleichmäßigkeit der Ergebnisse wundern, der Experte kann minimalste Abweichungen erkennen: Beides belegt, dass es sich um eine menschliche Kunst handelt.

*Diese Beispiele zeigen die verblüffende Formenvielfalt bester handgemachter Köpfe.*

- **Hecho a mano:** Diese traditionelle Bezeichnung wird in Kuba nicht mehr verwandt und heißt nun Hecho en Cuba. Sie gilt für Zigarren, deren äußere Schichten – also Um- und Deckblatt oder nur das Deckblatt, je nach Firma – von Hand gerollt wurden. Bei diesen Zigarren wird die Einlage (Tripa Corta/Bruchtabak) mithilfe eines Instrumentes in Form gebracht, um die nötige Festigkeit und den größtmöglichen Ertrag zu erzielen. Aficionados bedauern den Verlust an Geschmack.

- **Machine:** Die schnellste Methode. Maschinell hergestellte Zigarren bilden neun Zehntel des Weltmarktes, ein Zeichen des Erfolges mit weniger edlem Tabak. Das Umblatt besteht zumeist aus Presstabak, das Deckblatt aus weniger öligen Blättern wird von Maschinen geschnitten und aufgebracht.
Ein guter Torcedor schafft etwa hundert Zigarren am Tag, Maschinen zwischen vierhundert und achttausend in der Stunde.

# Große Formate

### Sonderformate
Dabei handelt es sich um Spezialitäten für bestimmte Anlässe oder um Spitzenleistungen.

### Salomón
Ein schönes Format, dickbäuchig und leicht: 184 mm lang mit einem Ringmaß von 57 (22,62 mm).
*Siehe: Cuaba Salomones.*

### Gran Pirámide (Rodolfo)
Diese große Figurado mit einer Länge von 180 mm und Ringmaß 54 (21,43 mm) besticht durch ihre Schönheit.
*Siehe: San Cristóbal de La Habana Murallas.*

### Especial (Gran Corona)
Mit einer Länge von 235 mm und einem Ringmaß von 47 (18,65 mm) das größte klassische Format.
*Siehe: Hoyo de Monterrey Particulares, Montecristo »A«.*

### Double Corona (Prominente)
Ein legendäres Format: 194 mm und mehr mit Ringmaß 49 (19,45 mm).
*Siehe: Hoyo de Monterrey Double Coronas, Partagás Lusitanias, Punch Double Coronas, Ramón Allones Gigantes, Saint Luis Rey Double Coronas, Vegas Robaina Don Alejandro.*

### Churchill (Julieta)
Mit 178 mm eine schöne Länge, das Ringmaß ist 47 (18,65 mm), und benannt nach wem?

*In verkleinerter Größe von rechts nach links: Montecristo »A«, Romeo y Julieta Exhibición N° 2, Trinidad Fundadores, Partagás 155. Jahrestag (Salomones, ein vielversprechendes neues Format mit 180 mm Länge und Ringmaß 48), Saint Luis Rey Churchills, Rafael González Slenderellas, La Gloria Cubana Médaille d'Or N° 2, Rafael González Lonsdales, H. Upmann N° 2.*

*Siehe: Bolivar Coronas Gigantes, Cohiba Espléndidos, El Rey del Mundo Taínos, H. Upmann Sir Winston, Punch Churchills, Romeo y Julieta Churchills, Saint Luis Rey Churchills, San Cristóbal de La Habana El Morro.*

### Dalia
Das Format ist nach der Galera benannt, aus der es ursprünglich stammt, und wurde früher Lonsdale oder Superlonsdale genannt. Sie ist 170 mm lang und hat das Ringmaß von 43 (17,07 mm).
*Siehe: Cohiba Siglo V, La Gloria Cubana Médaille d'Or N° 2, Partagás 8-9-8 Verni.*

### Lonsdale (Cervantes)
Mit Ringmaß 42 (16,67 mm) und einer Länge von 165 mm wurde dieses elegante und rassige Format für Lord Lonsdale kreiert.
*Siehe: Bolivar Lonsdales, Partagás Lonsdales Cabinet Selection, Rafael González Lonsdales, Sancho Panza Molinos.*

### Figurado (Pirámide, Campana, Exquisito)
Die Längen schwanken zwischen 140 und 156 mm, die Ringmaße zwischen 45 und 52 (17,82 und 20,64 mm).
*Siehe: Diplomáticos N° 2, H. Upmann N° 2, Montecristo N° 2, Partagás P2, San Cristóbal de La Habana La Punta, Vegas Robaina Únicos (Piramides); Bolivar Belicosos Finos, Romeo y Julieta Belicosos (Campanas), Cuaba Exclusivos (Exquisito).*

# Mittlere Formate

*In verkleinerter Größe von rechts nach links:
Cohiba Coronas Especiales, Hoyo de Monterrey Le Hoyo des Dieux,
Cuaba Exclusivos, H. Upmann Magnum 46, Ramón Allones
Coronas Cabinet Selection, Romeo y Julieta Belicosos.*

Die Mittelformate passen am besten zum aktuellen Lebensstil und sind am meisten gefragt. Die mit 120 bis 145 mm angenehme Größe und der volle und komplexe Geschmack einer Robusto hat ihr viele Liebhaber gebracht.

### Cañonazo
Dieses Format erscheint wie die Synthese einer Robusto mit einem kräftigen Durchmesser und der Verdichtung einer Corona Double: 150 mm Länge mit Ringmaß 52 (20,64 mm).
*Siehe: Cohiba Siglo VI.*

### Robusto (Edmundo, Hermoso N° 4, Robusto)
Die Edmundo hat eine Länge von 135 mm mit einem Ringmaß von 52 (20,64 mm), die Robusto ist 124 mm lang, Ringmaß 50 (19,84 mm), die Hermoso 127 mm, Ringmaß 48 (19,05 mm). Dieses Format verbindet eine kurze Rauchzeit mit reichem Aroma.
*Siehe: Montecristo Edmundos (Edmundo), H. Upmann Connoisseur N° 1, El Rey del Mundo Cabinet Selección Choix Suprême, Romeo y Julieta Exhibición N° 4, San Luis Rey Regios (Hermosos N° 4), Bolivar Royal Coronas, Cohiba Robustos, Juan López Selección N° 2, Partagás Série D N° 4, Ramón Allones Specially Selected, Romeo y Julieta Short Churchills (Robustos).*

### Corona Grande
Es handelt sich um eine neuere „Familie", benannt nach der Galera, die das Bedürfnis zeigt, im Bereich der Definition der Formate etwas zu unternehmen. Denn die drei Zigarren, die wir Ihnen präsentieren und die alle 155 mm lang mit einem Ringmaß von 42 (16,67 mm) sind, wurden auch als Corona, Gran Corona und Lonsdale katalogisiert.
*Siehe: Cohiba Siglo III, Hoyo de Monterrey Le Hoyo des Dieux, La Gloria Cubana Sabrosos.*

### Gran Corona (Corona Gorda)
Mit seiner Länge von 143 mm und einem Ringmaß von 46 (18,26 mm) entwickelt dieses Format eine feine Palette von Aromen. Man darf es nicht mit der Galera Gran Corona verwechseln, die das Ringmaß 47 (18,65 mm) hat.
*Siehe: Cohiba Siglo IV, El Rey del Mundo Gran Coronas, Hoyo de Monterrey Épicure N° 1, H. Upmann Magnum 46, Juan López Selección N° 1, Punch Punch-Punch, Punch Royal Selection N° 11, Rafael González Coronas Extra, Saint Luis Rey Série A, San Cristóbal La Fuerza.*

### Corona
Bevor die Robustos populär wurde, war die Corona mit einer Länge um 142 mm und einem Ringmaß von 42 (16,67 mm) führend bei den mittelgroßen Zigarren.
*Siehe: Partagás Coronas Cabinet Selection, Romeo y Julieta Coronas, Sancho Panza Coronas, Vegas Robaina Familiares.*

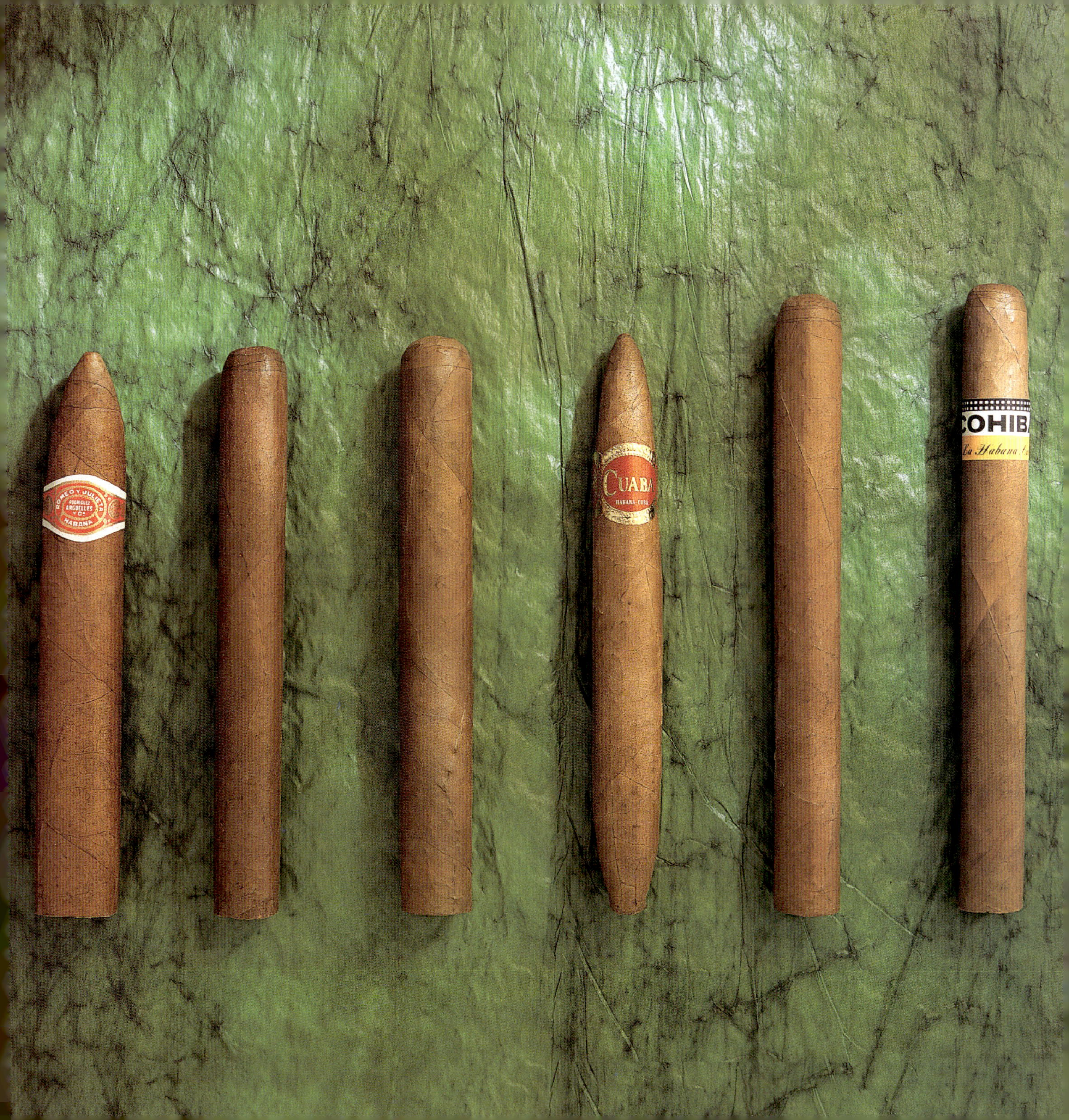
CUABA
COHIBA

# Kleine Formate

*In verkleinerter Größe von rechts nach links: Ramón Allones Petit Coronas, Gérard Père et Fils 444, H. Upmann Connoisseur N° 1, San Cristóbal de La Habana El Príncipe, Cohiba Siglo I.*

Einigen kleinen Formaten mangelt es an Feinheit, sie können sogar bitter und schärfer als erwartet sein. Der kleine Durchmesser bringt es mit sich, dass sie dichter gerollt sind und weniger Sauerstoff hindurchströmt, weshalb sie weniger mild sind und manchmal störungsanfällig brennen. Die von uns genannten haben natürlich diese Schwächen nicht.

### Half Robusto (Petit Edmundo, Petit Robusto)
Sie spiegelt perfekt die Bedürfnisse des Zeitgeistes. Es gibt zwei Varianten: als Petit Edmundo mit 110 mm Länge und Ringmaß 52 (20,64 mm) und als Petit Robusto mit 102 mm Länge und Ringmaß 50 (19,64 mm).
*Siehe: Hoyo de Monterrey Petit Robustos, Montecristo Petit Edmundos.*

### Petit Corona (Mareva, Almuerzo, Rey)
Die Mareva ist 129 mm lang und hat ein Ringmaß von 42 (16,67 mm), die Almuerzo ist 130 mm lang, Ringmaß 40 (15,87 mm), die Rey 110 mm lang, Ringmaß 40 (15,87 mm). Die Petit Corona wird gleichermaßen wegen ihres zügigen Brandes und des reichen Aromas geschätzt.
*Siehe: Bolivar Petit Coronas, Cohiba Siglo II, Partagás Petit Coronas Cabinet Selection, Por Larrañaga Petit Coronas Cabinet Selection, Punch Petit Coronas, Punch Royal Selection N° 12, Rafael González Petit Coronas (Marevas), Hoyo de Monterrey Le Hoyo du Prince (Almuerzo), Trinidad Reys (Rey).*

### Très Petit Corona (Minuto)
Die Zigarre ist 110 mm lang und hat ein Ringmaß von 42 (16,67 mm). Man raucht sie am besten vormittags, wenn ihre Frische eine kräftigende Wirkung entfaltet.
*Siehe: Partagás Shorts, Ramón Allones Small Club Coronas, San Cristóbal de La Habana El Príncipe.*

### Panetela (Laguito N° 1, Delicado, Panetela Larga)
Diese eleganten Formate gehören eher zu den langen, was aber wegen der kleinen Ringmaße nicht passt. Mit einer Länge von 192 mm und einem Ringmaß von 38 (15,08 mm) führt die Laguito N° 1 die Klasse an, gefolgt von der 185 mm langen Delicado, mit dem Ringmaß von 36 (14,29 mm) und der Panetela Larga mit 175 mm Länge und einem Ringmaß von 28 (11,11 mm).
*Siehe: Cohiba Lanceros, Trinidad Fundadores (Laguitos N° 1), La Gloria Cubana Médaille d'Or N° 1 (Delicado), La Gloria Cubana Médaille d'Or N° 3, Rafael González Slenderellas (Panetelas Largas).*

### Cigarrito und Demi-tasse (Laguito N° 3, Entreacto)
Wir erwähnen diese Formate nur der Vollständigkeit halber, weil sie für dieses Buch keinen ausreichenden Geschmack haben. Die Maße der Laguito N° 3 sind 115 mm und Ringmaß 26 (10,32 mm), der Entreacto 100 mm und Ringmaß 30 (11,91 mm).

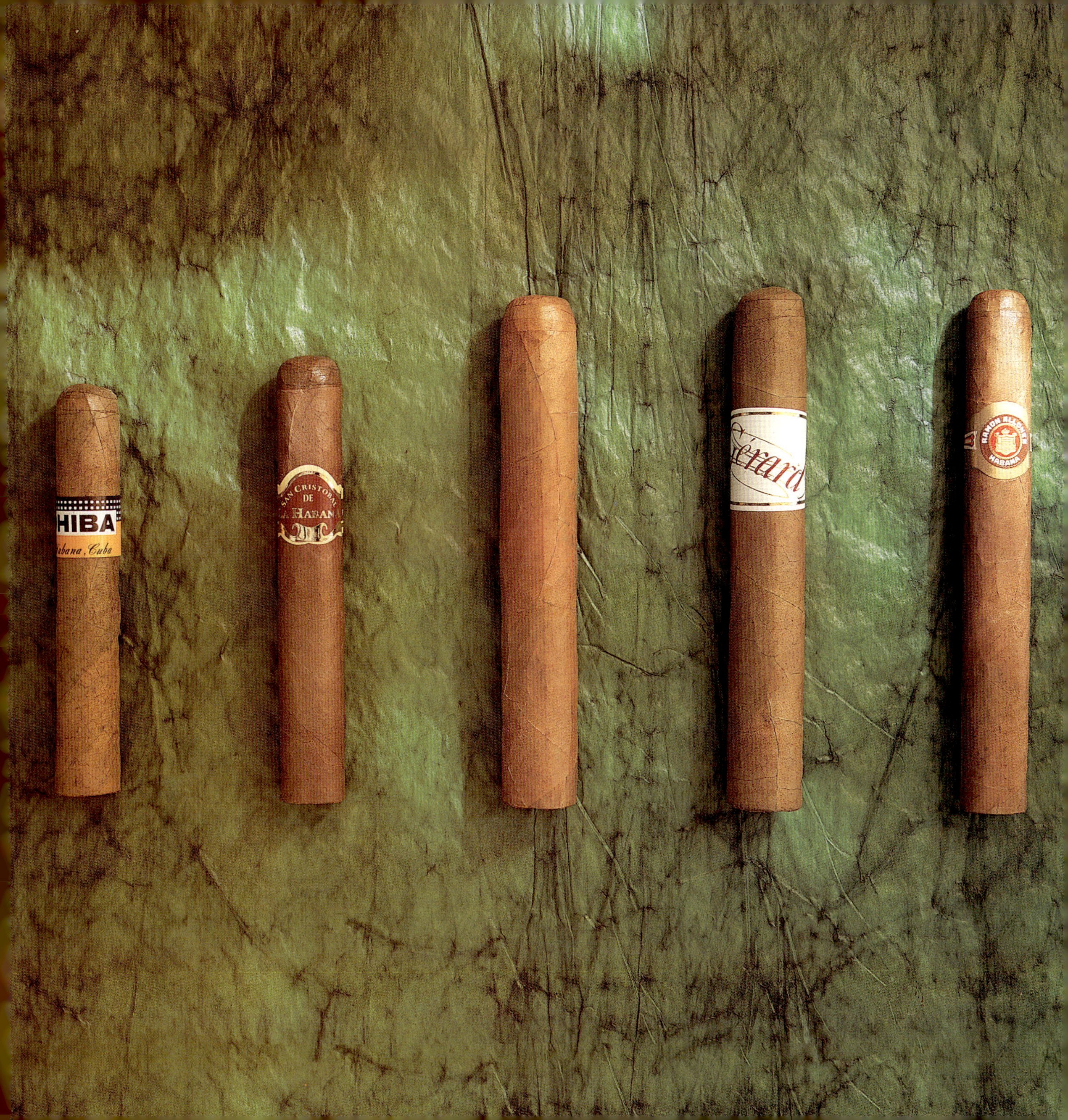
HIBA
abana, Cuba
SAN CRISTOBAL
DE
HABANA
érard

# Farben

Die Deckblätter tragen zwischen fünf und sieben Prozent zum Geschmack der Zigarre bei und prägen ihre Ästhetik entscheidend. Die Textur, Geschmeidigkeit und ihr Glanz sind sehr wichtig, aber ihre Attraktivität wird am deutlichsten durch ihre Farbe bestimmt. Jeder Zigarrenraucher hat seine Vorlieben oder auch Vorurteile in dieser Angelegenheit.

Das erste Missverständnis besteht in der Auffassung, dass die Zigarre je stärker ist, je dunkler das Deckblatt sich darstellt. Das Deckblatt beeinflusst den Geschmack der Tabakmischung der Einlage kaum. Das zweite Missverständnis besagt, die besten Zigarren hätten bestimmte Farben. Spitzenqualität gibt es aber in jeder Schattierung. Nur Flecken, Risse oder Löcher sind negative Qualitätsmerkmale.

### Eine Frage der Etage

Die Farbe ist nicht in erster Linie Ergebnis der Fermentation, sondern der Position des Blattes an der Pflanze. Von der untersten Etage Libre de Pie bis zur obersten Corona zählen die Wachstumsbedingungen. Je höher das Blatt wächst, desto intensiver ist es der Sonne ausgesetzt und desto saftiger wird es. Deshalb sind die oberen Blätter dunkler. Außerdem werden sie später gepflückt.

### Eine fast unbegrenzte Farbpalette

Angesichts der unzähligen Nuancen ist die Beschreibung aller Zigarrenfarben unmöglich. Die kubanischen Experten unterscheiden 92 Farben. Wir beschränken uns hier auf das Wesentliche und nennen die Hauptkategorien.

• *Clarísimo:* Grün (von Gelbgrün zu Olivgrün). Besonders in den 1950er- und 1960er-Jahren war die Richtung bei den Nordamerikanern sehr beliebt. Man erhält die Farbe, wenn die Blätter der Sonne nur begrenzt ausgesetzt und dann mit Holzkohle geräuchert werden. Dabei nehmen die Blätter den Rauchgeschmack nicht an, verlieren aber ihren eigenen. Diese Deckblätter haben besonders wenig Aroma. Weil sie nicht so reifen wie die meisten anderen Deckblätter, sind sie brüchig und halten nicht lange.

• *Claro:* Von Hellblond (Claro Claro) zu Braungelb (Claro) wird diese Farbskala auch als Gold bezeichnet. Sie war in den 1960er-Jahren besonders beliebt. Die Blätter stammen von den unteren, weniger der Sonne ausgesetzten Etagen der Pflanze. Die Claro-Blätter werden später und reifer gepflückt.

• *Colorado:* Hellbraun (Colorado Claro) bis Rotbraun (Colorado) mit feurigen Nuancen und ein wenig Ocker. Die Blätter stammen vom oberen Teil der Pflanze und sind länger der Sonne ausgesetzt. In den letzten zwanzig Jahren die attraktivste Farbpalette.

• *Maduro:* Sattes Braun (Maduro Colorado) bis zu sehr tiefem Braun (Maduro). Die Blätter bilden die oberste Etage der Pflanze und sind die meist verwandten Deckblätter. Die Sonne macht sie reif und ölig mit starkem und intensivem Geschmack. Nuancen hat es immer gegeben. Die Renaissance der Farbe fand am Ende des letzten Jahrhunderts in limitierten Serien mit Blättern aus der Krone statt. Konzentration und Stärke sind nur etwas für erfahrene Raucher.

• *Oscuro* oder *Negro:* Schwarzbraun bis Schwarz. Nur die vollständig ausgereiften Blätter an der Spitze, die lange der Sonne ausgesetzt waren, können diese Farbe entwickeln. Zumeist kommen sie aus Brasilien oder Nicaragua und sind wohl nur für wenige Connaisseure geeignet, die mit ihrer Intensität umgehen können.

*Die Linie Maduro 5 von Cohiba (Maduro wegen der Farbe, 5 für die Jahre der Reifezeit des Tabaks) gibt es in drei Formaten: Genios, Mágicos und Sacretos.*

# Kisten und Kabinette

Außer den seltenen Zigarren, die wie José Geners Magnum einzeln bzw. bei einigen großen Formaten, die jeweils zu Zehnt verkauft werden, werden Zigarren in Kisten mit 25 Stück oder in Kabinetten mit 25 bzw. 50 Stück angeboten.

Beide Behältnisse sind aus bestem Zedernholz gemacht, was einen doppelten Vorteil bietet: Der natürliche Geruch der Zeder ähnelt dem von Tabak sehr und ist damit ohne Wirkung. Zugleich ist er so bitter, dass er Schädlinge abschreckt. Das Arrangement der Zigarren in beiden Fällen ist verschieden.

**Zigarrenkisten**
Es gibt drei traditionelle Formen:

• *Traditionelle Kiste mit 25 Stück:* In der traditionellen Kiste liegen zwei Lagen von Zigarren übereinander, unten 12 und oben 13. Einige Marken trennen die Lagen durch ein Zedernblatt. Sie sind immer homogen in den Farben arrangiert. Die Farbsortierer können annähernd hundert Farbnuancen auseinander halten. Jede Zigarre trägt an der exakt gleichen Stelle eine Bauchbinde. Darüber liegt häufig ein Blatt Wachspapier. Kleinere optische Anormalitäten, wie leicht hervortretende Adern, sind aus rein ästhetischen Gründen auf der Unterseite. Sie haben keinen Einfluss auf den Geschmack.

Die Herstellung der Kisten wird sehr sorgfältig vorgenommen, besonders auf den Innenseiten. Das Innere ist weiß gehalten. Auf der Innenseite des Deckels ist zumeist eine Vista (Ansicht) aufgeklebt, ein farbenfrohes Markenzeichen (siehe S. 42).

• *Die naturbelassene Kiste:* Das Zedernholz ist nicht lackiert. Die Kisten bieten etwas mehr Raum für die zylindrische Form der Zigarren. Die 8-9-8-Kiste hat ihren Namen nach dem dreilagigen Arrangement.

• *Die lackierte Kiste:* Der Unterschied ist einfach die Lackierung des Holzes. Es gibt bei Kisten übrigens zwei verschiedene Verschlüsse, den traditionellen und einen Druckknopfverschluss.

**Kabinette**
Diese würfelförmige Kiste wird für die besten Qualitäten genommen. Es gibt sie mit und ohne La-

ckierung. Der Deckel wird herausgeschoben. Darin befindet sich entweder ein halbes Rad (50 Stück) oder ein viertel Rad (25 Stück). Ein farbiges Band mit dem Markennamen umschlingt das Bündel. Drumherum befindet sich Wachspapier, mit dem man die Zigarren auch gut herausheben kann. Ein gekrümmtes Zedernblatt schützt die Zigarre von oben.

Der Grund für diesen Aufwand ist einsichtig: Zigarren reifen in einer solchen Umgebung sehr gut. Der Vorgang ist mit dem Reifen eines guten Weines vergleichbar. In jedem Fall bewahren die Zigarren hier ihre Eleganz und Rundheit perfekt. Letztlich ist es eine Geschmacksfrage.

**Ein Vergleich**

*Kabinett*
– Hält die Feuchtigkeit besser (die Luft kann besser zirkulieren, weil es zwischen den Zigarren keine Papierbarriere gibt), besonders bei naturbelassenem Holz.
– Hält die Zigarren rund.
– Man kann das ganze Bündel gleichzeitig betrachten, indem man es mit dem Band heraushebt.
– Alle Zigarren befühlen zu können, ist ein nicht zu unterschätzender Vorteil.
– Lässt die Zigarren besser reifen und garantiert längere Lebensdauer.
– Ist einfach ein kleines Schmuckstück.

*Kiste*
– Vorteilhaft zu stapeln.
– Schützt die Zigarren besonders bei Reisen sehr gut.
– Besticht durch die farbenfrohen Vistas.
– Bietet ein unwiderstehliches Bild gleichmäßiger Schönheit.

*Eine traditionelle Kiste. Die Bauchbinden harmonieren mit dem weißen Hintergrund (links).*
*Ein Kabinett mit Zedernblatt und Wachspapier zum Schutz des wertvollen Inhaltes (oben).*

# Vistas gestern und heute

Der Legende nach begann alles, als Ramón Allones sich 1845 entschloss, die Kisten seiner La Eminencia-Zigarren zu dekorieren. Seither gab es Tausende farbiger Habitaciónes, am besten als »Umkleidungen« zu übersetzen.

Die Vistas sind Schmuckstücke der traditionellen Zigarrenkisten. Mit ihren religiösen, bukolischen, mythologischen und sogar historischen Szenen sind sie mehr als nur Dekoration. Häufig greifen sie Momente der Markengeschichte auf und reichern die Identität der Marke mit Legenden an.

### Kunst und Reklame

Die Vistas haben die Aufgabe, ein attraktives Bild so mit dem Markennamen zu verbinden, dass er sofort zu erkennen ist. Deshalb haben die Künstler die verschiedensten und hochmögenden Symbole verwandt: die allegorische Figur der Freiheit, die Jungfrau Maria, das Füllhorn, Porträts von Königen und Staatsmännern und so weiter.

Leuchtende Farben und viel Gold sollen nicht nur die Qualität des Produktes betonen, sondern zugleich auch die Menschen einbeziehen und rühmen, die die Zigarren herstellen, und diejenigen, die sie schließlich genießen. Deshalb bevölkern eine Reihe literarischer Gestalten, wie natürlich Romeo und Julia, diese ganz eigene Bildkunst.

### Andere Zeiten, andere Bilder

Heute sind die Vistas einfacher und zurückhaltender als früher. Sie zeigen Aspekte des täglichen Lebens, des Landes oder der Geschichte: Menschen bei der Feldarbeit, Gesichter von Vegueros oder Landschaften sind heute beliebt und lassen einen Wandel der Mentalität erkennen. Auch die Träume unterliegen dem Wandel.

Wir zeigen hier eine große Bandbreite von Stilen, die alle von Inspiration, Wärme und Vitalität zeugen.

*Eine kleine Auswahl von grafischen und bildhaften Stilen (oben).*
*Diese älteren Vistas sind bereits viel gesuchte Sammlerstücke (rechts).*

CARACOL
HABANA
FABRICA DE TABACOS
FLORINDA
de
SIMON VELA
PINAR DEL RIO - HABANA
HECHO EN CUBA
HABANA
SANTA DAMIANA
HABANA
CARLOS GARCIA & CO'S
MONET
CLEAR HAVANA CIGARS
IMBOLO
PAX ET
JUSTITIA
TABACOS
COMODORO
Habana Cuba
GRAN FABRICA DE TA
JOSE JIMENEZ PEREZ
LOS ST

# Bauchbinden gestern und heute

Anillos sind der krönende Schmuck einer Zigarre. Die Bauchbinden werden in der Regel nach der Fumigation und der Farbsortierung angebracht, bevor die Kiste gepackt wird. Sie sind das Markenzeichen des Herstellers. Wo und wann überall auf der Welt eine Zigarre genossen wird – die Bauchbinde ist das individuelle Erkennungszeichen.

### Herr Bock
Nach der Legende erfanden spanische Aristokraten den Vorläufer der Bauchbinde, weil sie zum Schutz ihrer Handschuhe ein Band um die Zigarre wickelten. Aber die allgemein akzeptierte Entstehungsgeschichte der Bauchbinde hat mit Gustave Antoine Bock zu tun, der in den 1850er-Jahren eine Plantage auf Kuba führte. Bock entschloss sich 1854, seiner Marke durch Verwendung von Bauchbinden eine persönliche Note zu verleihen und sie von anderen abzuheben. Er stattete alle Zigarren, die er exportierte, so aus und verlieh ihnen so etwas Besonderes. Im Oktober 1854 gab der Verband der Zigarrenhersteller von Havanna dieser Neuerung seinen offiziellen Segen.

### Rot und Gold
Sobald die Bauchbinde allgemein akzeptiert war, begann der Wettlauf um die eleganteste und wirkungsvollste Form. Rot und Gold setzten sich schnell durch. Der erstaunliche Erfindungsreichtum bei den prächtigen Designs wurde zum deutlichen Unterscheidungsmerkmal zwischen den Marken. Viele Entwürfe kamen nie auf den Markt, besonders solche für spezielle Gelegenheiten, einmalige Ereignisse oder private Zwecke. Sie sind besonders geschätzte Sammlerstücke.

### Der Lauf der Zeit
Die modernen Bauchbinden sind diskreter als ihre Vorläufer und sich ihrer kommerziellen Aufgabe bewusster. In der heutigen Welt des Marketings und der Kommunikation zählen Klarheit, Präzision und schnelle Erkennbarkeit. Deshalb trägt die Bauchbinde den Markennamen, gelegentlich noch das Herkunftsland. Effektivität ist eben alles. Aber die Juwelen des alten Stils haben besonders bei den großen Marken auch noch ihre Anhänger und werden auf Auktionen hoch gehandelt.

*Bauchbinden können schlicht oder überladen sein, sind aber immer mit Gold, Rot, Schwarz und Weiß farbenfroh. Sammler schätzen den alten, barocken, fein ziselierten Stil, moderne Bauchbinden sind eher nüchtern.*

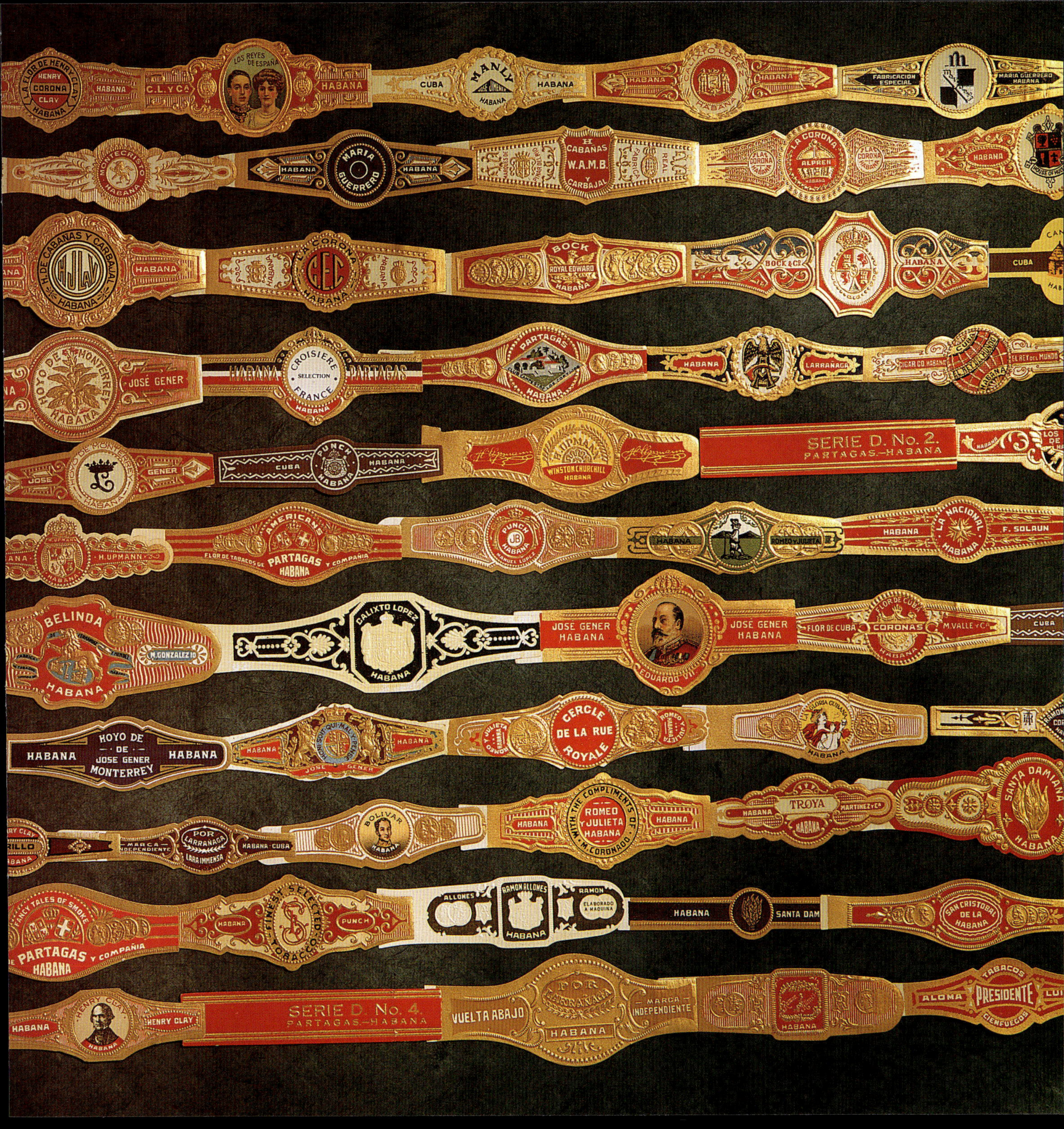

LA FLOR DE HENRY CLAY
HENRY CORONA CLAY HABANA
C.L.Y C.A
LOS REYES DE ESPAÑA
CUBA
MANLY
FABRICACION ESPECIAL
MARIA GUERRERO HABANA
MONTECRISTO HABANA
MARIA GUERRERO
CABAÑAS W.A.M.B. Y CARBAJAL
LA CORONA
HOUSE OF HOHENLOHE
H. DE CABAÑAS Y CARBAJAL HABANA
BOCK ROYAL EDWARD HABANA
BOCK & CO.
HOYO DE MONTERREY HABANA
JOSÉ GENER
CROISIERE SELECTION FRANCE
PARTAGAS
LARRAÑAGA
EL REY DEL MUNDO
PUNCH HABANA
H. UPMANN
WINSTON CHURCHILL HABANA
SERIE D. No. 2.
PARTAGAS.—HABANA
AMERICANS
FLOR DE TABACOS DE PARTAGAS Y COMPAÑIA
ROMEO Y JULIETA
LA NACIONAL HABANA
F. SOLAUN
BELINDA HABANA
M. GONZALEZ
CALIXTO LOPEZ HABANA
JOSE GENER HABANA
EDUARDO VII
FLOR DE CUBA
CORONAS
M. VALLE Y C.A
HOYO DE MONTERREY
JOSE GENER
CERCLE DE LA RUE ROYALE
GLORIA CUBANA
POR LARRAÑAGA
BOLIVAR HABANA
WITH THE COMPLIMENTS OF
ROMEO Y JULIETA HABANA
M. CORONADO
TROYA
MARTINEZ Y C.A
SANTA DAMIANA HABANA
FANCY TALES OF SMOKE
PARTAGAS Y COMPAÑIA HABANA
FINEST SELECTED
PUNCH
RAMON ALLONES HABANA
ELABORADO A MAQUINA
HABANA
SANTA DAMIANA
SAN CRISTOBAL DE LA HABANA
HENRY CLAY
SERIE D. No. 4.
PARTAGAS.—HABANA
VUELTA ABAJO
MARCA INDEPENDIENTE
ALONSO
TABACOS PRESIDENTE
CIENFUEGOS

# Aufbewahrung

Die Aufbewahrung von Zigarren ist eine heiß diskutierte Angelegenheit mit vielen verschiedenen Theorien. Zigarren sind schließlich empfindlich: Sie reagieren sofort auf jede Veränderung der Temperatur oder der Luftfeuchtigkeit. Es ist nicht schwer, eine Zigarre zu zerstören. Wenn trockene Kälte ihr schlimmster Feind ist – der Körper wird steif, das Deckblatt reißt, der Geschmack wird bitter –, so sind Hitze und große Feuchtigkeit um nichts besser – die Zigarren blähen sich auf, beginnen zu schimmeln, die Fermentation intensiviert sich, sie schmecken breiig. Wie bei vielen Dingen ist der goldene Mittelweg die beste Garantie für den Genuss.

### Die Bedeutung der Luftfeuchtigkeit

Beim Kauf muss eine Zigarre in bester Verfassung sein. So selbstverständlich wie es scheint, ist dies gar nicht. Viele Händler mit großen Vorräten achten nicht so auf die Luftfeuchtigkeit, wie sie sollten. Manchmal präsentieren sie Zigarren in ihren originalen Tuben oder Zellophan-Umhüllungen. Eine beschädigte Zigarre ist nicht reparabel.
Eine Luftfeuchtigkeit von etwa 70 Prozent wird allgemein für die richtige gehalten, in der die besten Zigarren etwa 15 Jahre gehalten werden können. Danach fangen sie an, Geschmack und Kraft zu verlieren.

### Vor allem Konstanz

Jeder weiß, dass man Zigarren nicht in der Sonne liegen lassen oder hinter einem südwärts gerichteten Fenster aufbewahren kann. Aber man muss auch wissen, dass es ebenso zerstörerisch wirkt, wenn man sie während der Ferien im häuslichen Kühlschrank aufbewahrt, wenn man keinen Humidor hat. Kälte schädigt die Zigarre sofort. Die ideale Temperatur ist 17 bis 20 °Celsius. Letztlich entscheidend ist aber die Vermeidung eines plötzlichen oder wiederholten Klimawechsels. Die Zigarre kann zwar eine Weile etwas mehr Kälte oder Wärme aushalten, aber plötzliche Schocks, noch dazu mehrfach, sind ihr Todesurteil. Richtige Aufbewahrung bedeutet zuallererst konstante Bedingungen.

### Der englische Geschmack

Jeder Aficionado hat vom »englischen Geschmack« gehört, d. h. trockeneren Zigarren bzw. solchen, die eine geringere Feuchtigkeit haben als in Europa sonst üblich – sie liegt hier bei etwa 60 Prozent. Aber dieser Geschmack ist eher eine historische Zufälligkeit, weil in früheren Zeiten Tabak so trocken wie möglich importiert wurde, um die nach Gewicht berechneten Zölle so niedrig wie möglich zu halten. Deshalb haben Generationen englischer Raucher ziemlich trockene Zigarren geraucht.

*Die beste Methode, den Zustand einer Zigarre zu prüfen, ist ein fester Fingerdruck. In gutem Zustand hat die Zigarre nach wenigen Minuten ihre alte Form wieder (links). Zigarrendosen sind wieder im Kommen – und es sind ausgezeichnete Humidore (oben; siehe S. 49).*

## Humidore – Vom Holz zum Plexiglas

Die langfristige Befeuchtung verlangt auch von Profis große Kenntnisse und viel Fingerspitzengefühl. Für den Zigarrenliebhaber sind heute viele Produkte auf dem Markt, die diese Aufgabe etwas leichter machen. Man muss sich nur für einen Humidor entscheiden, der am besten zu den eigenen Bedürfnissen passt und dabei bevorzugte Formate, Größe des Vorrats und Design berücksichtigen.
Die Auswahl bei Form, Material und Funktionen ist im Übrigen groß.

**Humidore aus Holz**
Holz ist das älteste Material. Häufig aufwändig verarbeitet, liegt der Wert vorzugsweise im Ästhetischen. Ihr Problem ist die unterschiedliche Wirkung je nach Lage. Die obersten Zigarren sind gut befeuchtet, manchmal zu gut, die untersten hingegen sind trocken und verlieren ihre Geschmeidigkeit. Wenn man dann noch verschiedene Formate und Marken lagert, vermischen sich die Düfte und reduzieren die spezifischen Aromen der einzelnen Zigarren.
Nach Jahren der Nutzung kann das Holz selbst einen ranzigen Geschmack weitergeben. Es gibt natürlich viele verschiedene Verarbeitungsqualitäten, Öle und Lackierungen. Wir jedenfalls raten dazu, Humidore aus Holz nur für wenige Zigarren über einen begrenzten Zeitraum zu nutzen. Oder noch besser: Man nimmt sie wegen ihrer Eleganz nur zur Präsentation der Zigarren.

**Humidore aus Plexiglas**
Sie sind eine neuere Erfindung. Glas ist viel stärker für eine gleichmäßige und lange Lagerung geeignet, bei der die Zigarren ihre Individualität behalten. Die Qualität wird noch besser, wenn die Zigarren in ihren Kisten belassen werden. Das Zedernholz ist ein Filter und gleicht Feuchtigkeit aus. Wenn der Tabak zu trocken ist, zieht er Feuchtigkeit aus dem Holz, wenn er zu feucht ist, absorbiert das Holz die überschüssige Feuchtigkeit und schützt die Deckblätter.
Der Hauptvorteil von Plexiglas ist die Eigenschaft, die richtige Feuchtigkeit im Innenraum über längere Zeit halten zu können. Eine neue Befeuchtung ist nur etwa alle drei Monate, je nach persönlichem Geschmack und nach Kontrolle des Hygrometers,

> **Die Zauberformel**
> Für den optimalen Genuss bewahre man seine Zigarren in ihrer Kiste im Humidor auf. Dann lasse man sie in eine Dose umziehen, wo sie ihre Stärke wieder zurückgewinnen.

*Eine Reisekiste, ebenfalls aus Plexiglas, praktisch, aber für längere Zeiträume unbrauchbar. Nur kurz zu benutzen (links).*

erforderlich. Auf jeden Fall muss man den Humidor von Wärmequellen fernhalten. Feuchtigkeit und Hitze aktivieren eine unerwünschte Fermentation. Um perfekte Hygiene zu gewährleisten, sollte man das Wasser alle sechs bis acht Monate wechseln und den Speicher etwa alle drei Jahre.

## Zigarrendosen

Sie traten im 20. Jahrhundert auf den Plan, waren aus Glas und sahen eher wie die Dosen beim Apotheker denn wie Humidore aus, und sie waren nicht besonders wirkungsvoll. Um schnelles und vollständiges Austrocknen zu verhindern, mussten die Zigarren in einen Humidor umgelagert werden, wenn sie einmal geöffnet waren. Aber ihre Schönheit, wie zum Beispiel bei den 25 oder 50 Stück enthaltenden Dosen, die H. Upmann für das Cristal-Format anbot, fand ihre Anhänger. Ende des Jahrhunderts wurden sie wieder interessant, diesmal aus Porzellan.

Wir haben nach Jahren der Forschung mit den Spezialisten von Bernardaud de Limoges eine Dose entwickelt, die Zigarren mindestens sechs Monate frisch hält. Sie gewinnen sogar an Dichte, Kompaktheit und aromatischer Konzentration, das Deckblatt bleibt perfekt weich und ölig.

Schließlich weisen wir noch darauf hin, dass es seit Kürzerem Humidore aus Holz mit Befeuchtern gibt, die bis zu 1,20 m groß sind. Man wird sehen, was sie bringen …

# Reifung

Wie guter Wein braucht eine Zigarre sorgfältige Behandlung, um ihren optimalen Reifezustand zu erreichen. Es ist eine Aufgabe für Spezialisten, Zigarren auf dem Höhepunkt ihrer Entwicklung zu präsentieren.

### Die Kunst des Reifens
Der Reifeprozess beginnt bereits vor dem Einlagern der Zigarren. Von der Ernte an wird der Tabak sorgfältig überwacht. Die künftigen Mischungen werden bereits hier bedacht.
Das Reifen darf man nicht mit der Fermentation verwechseln. Sie ist ein kontinuierlicher biologischer Prozess, bis die Zigarre in Rauch aufgeht. Das Reifen hat etwas mit der Mischung verschiedener Tabake zu tun, die der Zigarre ihren bestimmten Charakter verleihen. Wenn man eine frisch gerollte Zigarre rauchen würde, hätte man nur eine Ahnung davon, wie sie in Zukunft schmecken wird. Die Entfaltung der Harmonie der Tabake benötigt Zeit.

### Geheimnisse
Die Reifezeit erlaubt der Zigarre nicht nur ihren einzigartigen Geschmack zu entwickeln, sondern auch überschüssige Blattöle abzusondern, bis das erwünschte komplexe Bukett erreicht ist. Und schließlich entfaltet die Zigarre hierbei ihre spezifische Mischung aus Festigkeit, Geschmeidigkeit und Dichte, also ihre taktilen Eigenschaften. Der Prozess macht permanent Arbeit. Die Kisten müssen regelmäßig geöffnet und die Zigarren eine nach der anderen vorsichtig abgepinselt werden, um Feuchtigkeits- und Staubpartikel zu entfernen, welche die Poren des Deckblattes verschließen. Die Anforderungen für dieses Stadium sind außerordentlich, um katastrophale Klimaschwankungen zu verhindern, die das Ende aller Mühen bedeuten würden.

Jeder Spezialist hat seine Geheimnisse. Er hat sozusagen per Definition spezielle Kenntnisse, wie ein Önologe oder Teeexperte auch, die wir hier nicht ausbreiten können. Das Ziel ist immer das gleiche: Die volle Reife zu ermöglichen. Man kann es wirklich mit dem Wein vergleichen, der seine ganze Klasse erst nach sorgfältiger Pflege erreichen wird. Man kann es nicht oft genug wiederholen: Eine Zigarre ist ein Naturprodukt, das nach den Eingriffen in seiner Jugend nur durch entsprechende Behandlung dahin gelangt, wohin wir es uns wünschen: zur Perfektion.

**Vorsichtsmaßnahmen**

Zigarrenliebhaber, die Kuba besuchen, sind natürlich versucht, die überall von alten Torcedores angebotenen Zigarren zu kaufen. Manchmal rollen sie auch vor Ort Zigarren nach eigenen Wünschen. Aber Vorsicht:

- Wie talentiert der Torcedor auch immer sein mag, er wird niemals eine »authentische« Coronas Gigantes de Bolívar oder Partagás Lusitanias herstellen, weil – wie wir gesehen haben – er in der Galera niemals erfährt, welche Marke aus seiner Mischung schließlich entsteht.
- Eine frisch gerollte Zigarre ist zwar rauchbar, wird aber nach einem Tag extrem bitter. Also muss man sie sofort rauchen, bevor die übermäßige Feuchtigkeit – die in der Escaparate der Fabrik abgebaut wird – die Geschmacksknospen behelligt.
- Wenn man eine solche Zigarre aufbewahren will, sollte man sie nicht mit echten Markenzigarren zusammen lagern, da sie nicht desinfiziert ist und die kleinen Tierchen mehr als wahrscheinlich in ihrer Nachbarschaft ein gefundenes Fressen haben.

*Eine der wichtigsten Arbeiten beim Reifen ist das regelmäßige Abpinseln von Rückständen. Ein halbes Rad der Sélection des Sélections Gérard Père et Fils in perfektem Reifezustand.*

# Anschneiden und Anzünden

Wenn es ein Gebiet gibt, auf dem jeder Zigarrenliebhaber seine eigenen Angewohnheiten hat und gerne darüber spricht, dann ist es der Moment »davor«. Und es ist schon wahr, dass der Augenblick vor dem ersten Zug mit Erwartung und sogar Begehren erfüllt ist. Wir wollen die Vorbereitungen zum Rauchgenuss Schritt für Schritt durchgehen.

**Anschneiden**
Beim Anschneiden des Kopfes muss man auf einen geraden Schnitt achten. Man darf nicht zu viel abschneiden, weil dies den Brand beschleunigen kann, und nicht zu wenig, weil dies den Geschmack beeinträchtigt.
Dies vorausgeschickt, gibt es zahlreiche Techniken des Anschnittes – ganz abgesehen von den mehr oder weniger fantasiereichen, auf die manche geheimnisvoll schwören –, aber kein unumstößliches Gesetz. Deshalb im Folgenden die klassischen Methoden.

• *Die Guillotine*  Sie gibt es mit einer oder zwei Klingen. Ob billig und aus Plastik oder teuer und mit Perlmutt besetzt – die Guillotine ist praktisch und passt in jede Tasche. Besonders gut sind die Edelstahlklingen.

• *V-förmige Abschneider*  Sie waren in den 1950er- und 1960er-Jahren vorherrschend und sind heute selten. Ihr Schnitt kann den Rauchgenuss beeinträchtigen, und für große Formate sind sie ungeeignet.

• *Zigarrenscheren*  Sie sind kaum zum Mitnehmen gedacht, machen sich aber gut als Tischutensil. Das beeinflusst ihren Gebrauchswert jedoch in keiner Weise. Der Preis entspricht ihrer Eleganz.

• *Lochschneider*  Nach jahrelanger, ungerechtfertigter Vernachlässigung sind sie wieder da. Es handelt sich um ein zylindrisches Instrument, das auf Druck ein Loch bohrt. Die so entstehende runde Öffnung ist klein, aber ausreichend.

• *Der Cortador*  Es handelt sich hierbei um eine kleinere Replik der Guillotina des Torcedor, mit der er die exakte Länge der Zigarre schneidet.

## Das Anzünden

Hierzu gibt es verschiedene Denkschulen. Einige befeuchten die Zigarre, andere erwärmen sie über einer offenen Flamme, wieder andere tauchen nach alter spanischer Sitte den Kopf in Alkohol – all dies, bevor ein Zedernholzblatt, Streichholz, Feuerzeug oder eine Kerze zum Zuge kommen. Als Anhänger des reinen Genusses lehnen wir alles ab, was das Aroma verfälscht.

• *Feuer und Flamme* Streichhölzer, besonders die langstieligen aus Zeder, Gasfeuerzeuge und Jet-Flame-Feuerzeuge sind empfehlenswert, wenn man ihre Flamme gut unter Kontrolle hat. Benzinfeuerzeuge und Kerzen sollte man meiden, weil sie den Geschmack beeinträchtigen.

• *Der Vorgang* Man mache es so einfach wie möglich und halte die Zigarre zwischen Daumen und Zeigefinger, nicht im Mund, und führe die Flamme etwa einen Zentimeter vor den Fuß. Man drehe die Zigarre langsam und führe sie zu den Lippen. Dann halte man die Flamme einen Moment direkt an den Fuß und mache den ersten Zug. Er setzt die Zigarre gleichmäßig in Brand, und die große Reise beginnt.

---

**Haben Sie Mitleid!**
Manche schneiden die Köpfe mit den Zähnen oder Fingernägeln an. Dies sollte man nicht nachahmen. Man braucht ein Wunder oder muss ein alter kubanischer Zigarrenmacher sein, um auf diese Weise einen anständigen Schnitt hinzubekommen, ohne das Deckblatt zu verletzen oder Tabakkrümel im Mund zu haben. Ähnliche Beschädigungen richten Küchenmesser, Rasierklingen oder normale Scheren an. Benutzen Sie also etwas Anständiges – Ihre Zigarren und Finger werden es Ihnen danken.

# Die Kunst des Rauchgenusses

Weil der Genuss einer Zigarre vor allem ein Vergnügen ist, gibt es dafür keine unumstößlichen Regeln. Außer vielleicht der, den Verkündern solcher Regeln die eigene Erfahrung entgegenzusetzen. Aber es gibt Wege, den Genuss zu kultivieren. Die Geschmacks- und Geruchsempfindungen können ohne besondere Schwierigkeiten so an Aromen herangeführt werden, dass man ihre Besonderheit unterscheiden kann. Und weil man am ehesten schätzt, was man kennt, folgen einige Hinweise für den Weg zur Vervollkommnung.

### Mit allen Sinnen

Eine Zigarre spricht alle fünf Sinne an, oder fast alle, denn das Gehör spielt kaum eine Rolle. Das Aussehen, die Anfühlung, der Duft und der Geschmack tragen alle ihren Teil zur Wirkung bei.

- *Aussehen*  Der Moment des ersten Blicks. Man nimmt die Zigarre aus ihrer Kiste und betrachtet sie: Das einwandfreie Deckblatt mit seiner glänzenden, glatten Oberfläche, ihre Farbnuancen, der tadellos geschnittene Fuß, der runde Kopf.

- *Anfühlung*  Man achtet auf die Dichte, die Geschmeidigkeit und die Textur des Deckblatts. Kleine Wulste weisen auf fehlerhaftes Rollen oder eine nachträgliche Befeuchtung hin, die eine Zigarre zerstört. Eine weiche, nicht knisternde Rundheit, die sich nach sanftem Fingerdruck sofort wieder herstellt, ist ein Qualitätszeichen. Die Anfühlung verrät viel.

- *Duft*  Man sollte schnuppern, bevor man die Zigarre anzündet. Ihre würzigen, krautigen oder erdigen Aromen sind schon da. Die Kubaner nennen dies »fumar a crudo«, trocken (wörtlich: roh) rauchen. Man bekommt eine Idee davon, wie die Zigarre duftet, wenn auch nach dem Anzünden einige Nuancen zurück- und andere hervortreten.

- *Geschmack*  Mit den ersten Zügen werden die Geschmacksknospen geschärft. Beim gleichmäßigen Brand spürt man die aromatische Tiefe, er-

*Stil ist eine Mischung von Ästhetik und Geschmack. Blauer Rauch, die Eleganz von Aschenbecher und Porzellantopf und der bernsteinfarbene Rum sind Elemente von Perfektion.*

### Die Begriffe der Umschreibung

Es ist zumeist schwierig, Sinneseindrücke zu beschreiben. Wenn man sich die Zeit nimmt, die Eindrücke zu unterscheiden und zu benennen, kann man seinen Genuss formulieren, ohne den Experten spielen zu müssen. Das Vergnügen wird nur größer, wenn man es auch in Worte fassen kann. Es folgen Beispiele für die Begriffe der Beurteilungskriterien.

- *Anfühlung* Spröde, empfindlich, weich, mürbe, geschmeidig; füllig, seidig, fett, stumpf, trocken; kompakt, wuchtig, komprimiert, klebrig, rau.

- *Duft* Mild, flüchtig; grün, subtil, fruchtig, floral, strauchig, geschmeidig, betörend, rund, Kakao, neues Leder, gegerbtes Leder, entfaltet, animalisch, Amber; rau, würzig, pikant, scharf, nachhaltig.

- *Geschmack* Mild, fade, krautig, stumpf; süß, fruchtig, cremig, waldig, zuckerig, pfefferig, würzig, vollmundig, exotisch, berauschend, reif, schwer, herb; säuerlich, pikant, säurehaltig, heiß, brennend.

- *Gefühl* Diskret, hintergründig, nicht vorhanden, eintönig; blass, frisch, vielversprechend, ermutigend, voll, nobel, abgerundet, reichhaltig, nahrhaft, nervig; sehr süßlich, pelzig, nachhaltig, rau, durchschlagend, berauschend, hintergründig.

In jedem Fall entwickelt sich die Beschreibbarkeit von Aromen mit der Raucherfahrung.

kennt die Aromen und genießt ihre Qualitäten, seien sie mild oder kräftig oder eine der unendlich vielen Kombinationen beider und noch anderer Nuancen.

- *Genuss* Unserer Meinung nach ist dies der eigentliche fünfte Sinn beim Zigarrenrauchen: Das harmonische Zusammenspiel der Qualitäten einer Zigarre mit der Umgebung, dem Augenblick, der Atmosphäre. Man genießt ihre Reichhaltigkeit und Komplexität, ihre Ausgewogenheit und nachhaltige Wirkung. Und plötzlich versteht man die wahre Bedeutung dieser kleinen Wölkchen, die da gen Himmel steigen.

# Aromen und Geschmack

Bestimmte Begriffe erscheinen im Zusammenhang mit Zigarren immer wieder. Es ist für den Laien nicht immer ganz einfach, genau zu verstehen, was damit gemeint ist. Ein kleiner Überblick über häufig verwandte Ausdrücke soll dies erleichtern.

**Aromen**

- *Schärfe:* Sie ist typisch für jungen Tabak, der noch viel Chlorophyll und Stärke enthält, und sie baut sich dann nach und nach ab – oder auch nicht!

- *Waldig:* Das Aroma ruft die Vorstellung von grünem, trockenem oder feuchtem Holz oder Wald hervor. Es ist omnipräsent und hat unbegrenzte, manchmal subtile Nuancen.

- *Kakao:* Zumeist am Fuß der Zigarre freigesetzt, sind die Kakao-Aromen relativ ölig, voll und schwer und wirken lange nach. Sie sind dominant und anhaltend, voll sättigend und von würzigen Noten begleitet.

- *Leder:* Die ganze Palette von Lederdüften wird vom Deckblatt entfaltet – jung, tanninig (gegerbt), alt. Die besten Varianten sind reichhaltig und sehr präsent.

- *Flüchtig:* Das Bukett ist schon wieder verschwunden, kaum dass es wahrgenommen wurde. In der Regel ohne würzige Akzente und bei milderen und süßeren, waldig trockenen Aromen.

- *Nichtssagend:* Eine Zigarre, die einfach »nichts im Bauch« hat und keine Wirkung hinterlässt. Zumeist aus Tabaken aus schlechten Erntejahren, die auch kaum reift. Auch ein schönes Deckblatt hilft da nicht mehr.

- *Grün:* Eine grüne Zigarre ist weder frisch noch munter oder gar von dieser Farbe. Der bittere Geschmack, scharf, ohne Fülle und Rundheit, prägt diesen Begriff.

Gut gereifte, ziemlich alte Zigarren können sehr wohl ein grünes und zugleich volles Aroma haben, wenn sie vor dem Rauchen ausreichend an der Luft waren.

• *Erdig:* Damit werden die vegetarischen Düfte umschrieben, die uns aus der ländlichen Welt bekannt sind: Schober, Heu, Weiden, Ställe und Felder, eine kraftvolle und feine Mischung, die etwas Wunderbares haben kann.

### Geschmack

• *Schwer:* Reichhaltig, vollmundig, üppig, aber nicht unbedingt stark. Besonders im ersten Teil fett und rund mit tanninigem Hintergrund. Wenn eine schwere Zigarre zu feucht ist, neigt sie dazu, heiß zu werden; wenn sie zu fest gerollt und zu schnell geraucht wird, wird sie auf der Zunge bissig.

• *Mild:* Der Geschmack kann durchaus Komplexität haben und volle Aromen entwickeln, aber ohne besonders würzige Akzente. Der Raucher hat ein beständig angenehmes Gefühl, was die wachsende Popularität dieser Zigarren erklärt. Häufig hinterlassen sie einen leicht salzigen Geschmack auf den Lippen.

• *Würzig:* Würzig ist mehr oder weniger alles zwischen Zedernholz, Vanille, Kaffee, Schokolade, Karamell, Zimt, Lakritz, Gewürzbrot, Pfeffer und Kümmel.
Diese den Charakter einer Zigarre prägenden Geschmacksrichtungen sind sehr gesucht.

• *Fade:* Langweilige Zigarren sind sehr leicht. Wonach immer sie schmecken – es ist nicht intensiv. Sie bleiben einfach flach und trocken.

• *Ölig:* Sehr fette, ölhaltige Zigarren sind nicht scharf und wirken im Mund lange nach. Dies charakterisiert als Zeichen der Reife die besten Jahrgangszigarren. Sie fangen stark an und werden dann milder und runder mit würzigen Noten und einem Madeira-Akzent.

# Der richtige Moment

Über Geschmack lässt sich nicht streiten. So sind auch Zigarren eine Frage der persönlichen Vorlieben. Der eine bevorzugt milde, leichte Zigarren, ein anderer kräftige und intensive, beim Nächsten entwickelt sich die Vorliebe mit der Zeit in die eine oder andere Richtung oder ist je nach Gelegenheit unterschiedlich. Das letzte Verhalten scheint uns am angemessensten, weil gute Zigarren eine große Bandbreite von Geschmacksrichtungen und Empfindungen bereithalten, die sogar von einem Einzelnen je nach Umgebung, Stimmung und Gelegenheit unterschiedlich wahrgenommen werden. Wir sind nicht jeden Tag die Gleichen, Zigarren sind es auch nicht.

**Der richtige Moment**
In den letzten Jahrzehnten haben sich die persönlichen Lebenseinstellungen sehr gewandelt. Für Menschen mit einer epikureischen Grundeinstellung wurde die Zigarre attraktiv. Allein oder in Gesellschaft weiß man gute Küche und gute Weine, am besten in harmonischer Gesellschaft, zu schätzen. Ein schönes Essen unter Freunden mit einer guten Zigarre ist ein ebenso einfaches wie befriedigendes Erlebnis wie der Genuss einer Zigarre allein mit sich und seinen Gedanken. Spontanität hat jeden Raum, aber zwei oder drei Hinweise können nicht schaden.

*Der Geschmack wird stark von der Situation geprägt – was hat man zuvor genossen, ist man gesättigt oder hungrig, aktiv oder entspannt. Die Auswahl der passenden Zigarre erfordert Sorgfalt.*

## Zwei große Familien

Man kann Zigarren in zwei große Familien einteilen: A – Zigarren zum speziellen Genuss und B – Zigarren als Tagesbegleiter. Wir schlagen vor, sie je nach Tageszeit zu betrachten.

• *Morgens*
A – Voll, cremig. Morgens ist die Zunge am ehesten bereit, die volle Bandbreite der Aromen wahrzunehmen.
B – Frisch und mild mit leicht würzigen Akzenten, aber nicht zu stark.

• *Nach einem leichten Lunch*
A – Eine vollmundige Zigarre mit Körper, waldigem oder erdigem Charakter.
B – Rund und gefällig, ohne viel Aufwand und mit Leichtigkeit und Frische, wie eine Gazpacho an einem Sommerabend.

• *Nach einem opulenten Mittagessen*
A – Eine Zigarre, die mit einem Drink nach der Mahlzeit die Verdauung fördert. Cremig, sehr würzig, mit langsamem, gleichmäßigem Brand.
B – In diesem Zusammenhang ungeeignet.

• *Am späten Nachmittag*
A – Reichhaltig und cremig, alle Konzentration absorbierend. Keinerlei Tätigkeit sollte von der Zigarre ablenken.
B – Mild und unaufdringlich mit leichtem Zug und Brand. Für die kleine Pause, nachdem man etwas geschafft hat.

• *Abends*
A – Intensiv und äußerst mächtig, nicht der Größe nach, sondern nach Tiefe und Intensität des Geschmacks, der Komplexität und Dichte kräftig waldiger Aromen. Als ob man Gewürzbrot kaut, perfekte Harmonie.
B – Präsent, ohne zu dominieren. Eine Zigarre nach einem harten Tag oder am Kamin, die ein Partner für einen Denker am Schachbrett ist, der sich gleich wie ein großer Meister fühlen darf.

# Accessoires

Die Welt der Zigarren ist etwas Besonderes. Sie hat eine große Vielfalt eleganter Produkte und Werkzeuge hervorgebracht, die alle einen Gebrauchswert haben, aber zugleich auch ästhetischen Ansprüchen genügen. Die Bandbreite der heutzutage erhältlichen Utensilien reicht von den einfachsten zu aufwendig elaborierten Formen. Wir zeigen hier einige Beispiele.

Es gibt eine Vielzahl sehr verschiedener Etuis, die zu jedem Format passen. Sie dienen zum Schutz des Deckblatts beim Transport einiger weniger Zigarren. Ob aus Gold oder Silber, Leder, Eidechsen- oder Krokodilleder – oder welchem Material auch immer –, ein Etui muss fest genug sein, um seine Schutzfunktion zu erfüllen, aber nicht zu eng, um das Deckblatt nicht zu beschädigen. Früher gab es nur Silberetuis, heute sind die allermeisten aus Leder.

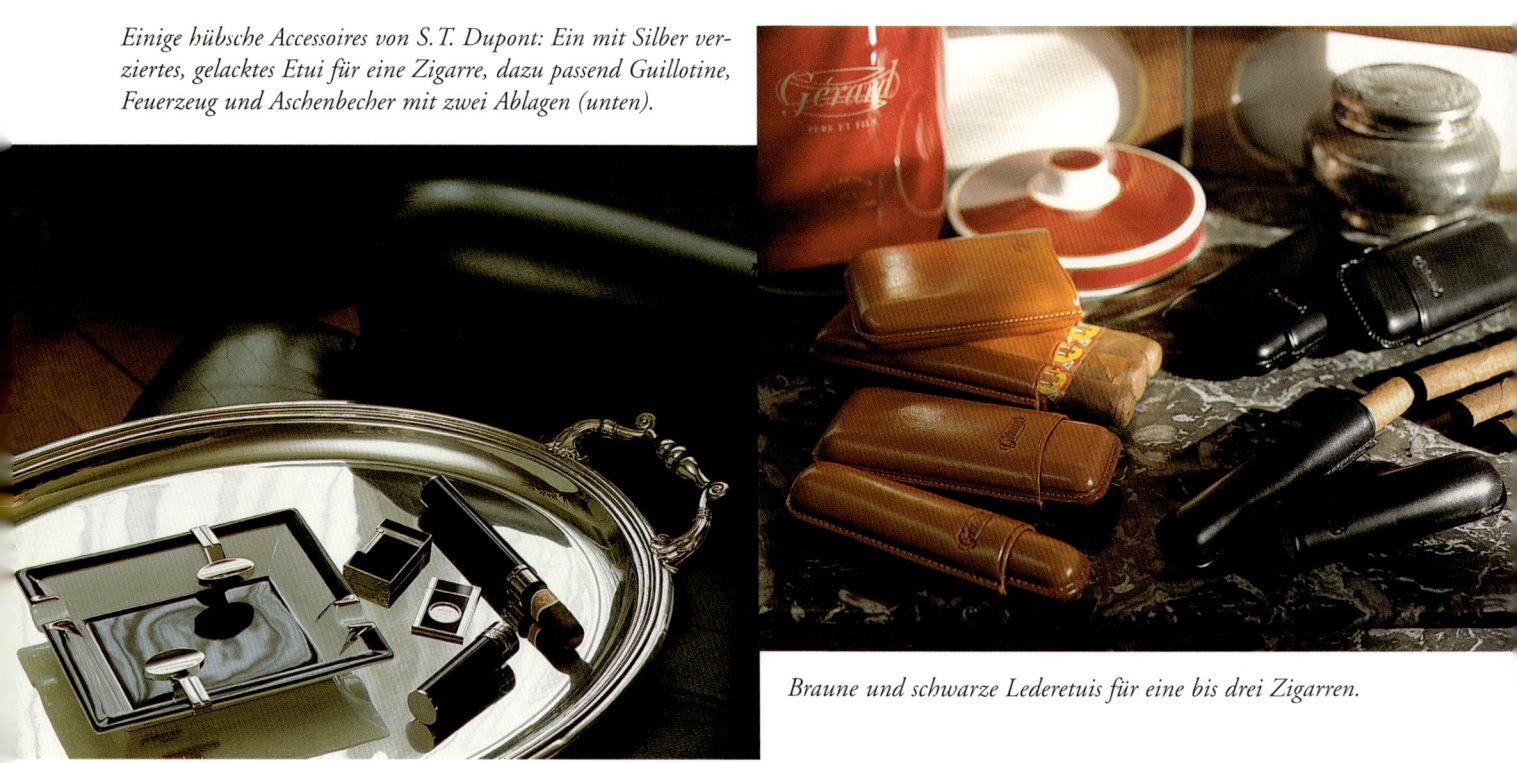

*Einige hübsche Accessoires von S.T. Dupont: Ein mit Silber verziertes, gelacktes Etui für eine Zigarre, dazu passend Guillotine, Feuerzeug und Aschenbecher mit zwei Ablagen (unten).*

*Braune und schwarze Lederetuis für eine bis drei Zigarren.*

*Eine Auswahl von Abschneidern (vgl. auch S. 52); von links nach rechts: V-Schneider, runde und quadratische Einklingen-Guillotinen und zusammenklappbare Scheren, rechts in verschiedenen Lackierungen.*

*Einige der seit gut zehn Jahren wieder gebräuchlichen Lochschneider (vgl. auch S. 52). Die Öffnung ist klein, aber ausreichend. Einige Modelle schneiden verschieden große Löcher.*

# Zigarren und Küche

Es ist noch nicht lange her, dass eine Zigarre während des Essens als Sünde galt und die Raucher nach dem Dessert in das Rauchzimmer verbannt wurden. Die Zeiten haben sich geändert.
Die Zigarre gilt als authentisch, und ihre Liebhaber schätzen eine größere Geschmacks- und Genussvielfalt. So wie ein guter Wein ein Essen aufwerten oder die passende Speise die Qualitäten eines Weines betonen kann, sind unsere Zungen auch zu anderen Kombinationen bereit.

### Im Restaurant
Einige Restaurantchefs haben dafür gesorgt, dass die Zigarren in der gastronomischen Welt voll akzeptiert sind. Dabei waren die edlen Havannas die Vorreiter. Man hat zur Überraschung der Gäste selbst Zigarren offeriert und auch Rauchzimmer eingerichtet, wo man sich zum Gespräch versammelt, zum Beispiel darüber, wie exzellent ein guter Bordeaux zur Ramón Allones 8-9-8 oder ein kräftiger Suppeneintopf zu einer Rafael González Lonsdales passt. In jedem Fall stören Süßspeisen solche Kombinationen.

### Mediterrane Küche
Die französische, italienische und spanische Küche weisen zwar Unterschiede auf, sie haben aber auch viele Gemeinsamkeiten, von denen wir hier ausgehen. Die gleiche Art von Zigarren passt zu allen dreien. Aus ähnlichen Gründen entscheidet man sich zum Beispiel für einen eleganten Pomerol (L'Évangile, La Fleur-Petrus, L'Église-Clinet), einen runden und vollmundigen Saint-Émilion (Magdelaine) oder einen kräftigen Gevrey-Chambertin (Les Combottes von der Domaine Leroy).
• *Beste Wahl:* Sehr aromatische Zigarren, waldig, erdig oder floral, die zugleich rund und cremig sind. *Punch, Partagás.*

### Asiatische Küche
Die vielen Gewürze der asiatischen Küche und die Besonderheiten vieler Gerichte verlangen bei der Auswahl der Zigarren einige Erfahrung. Man muss gleich sehr hoch greifen, weil die Schwie-

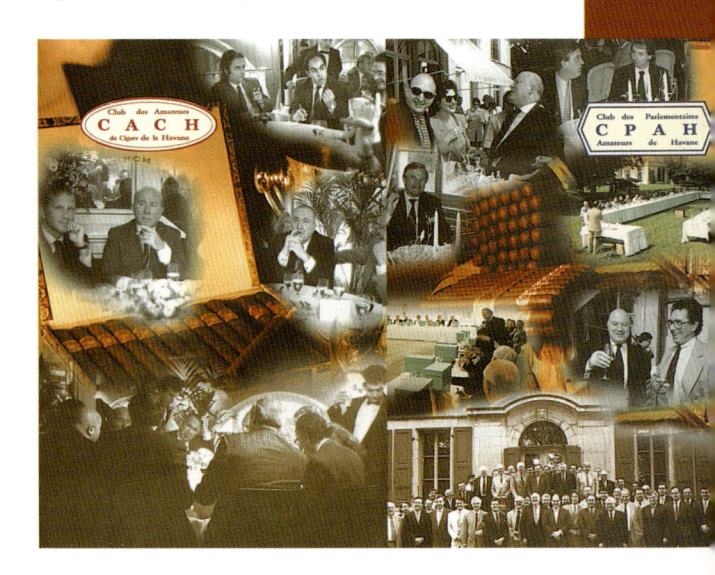

*Der jährlich stattfindende Lunch des »Club des Parlementaires Amateurs de Havanes« in Genf ist für seine Kombination exzellenter Gerichte mit ebensolchen Zigarren berühmt. Der Nachmittag ist ein Crescendo des Zigarrenrauchens.*

rigkeit darin besteht, eher eine Pause zwischen dem intensiven Geschmack herzustellen, als die Zunge mit weiteren nachhaltigen Angeboten zu überreizen. Dies mag manchen überraschen. Eine gute Kombination stellt Weißwein von der Loire (Sancerre von der Domaine des Ouches, Pouilly-Fumé Cuvée Silex von Didier Dagueneau) oder ein Elsässer dar (Gewürztraminer Epfig von der Domaine Ostertag, Riesling Altenberg von Marcel Deiss).

• *Beste Wahl:* Milde und frische Zigarren bei stark gewürzten Speisen. Runde, cremige und waldige Zigarren zu den subtileren Gerichten. Kräftige vollmundige Zigarren passen gut zu Ingwer. *Hoyo de Monterrey, El Rey del Mundo, Saint Luis Rey.*

**Orientalische Küche**

Diese sich immer mehr durchsetzende raffinierte Küche passt sehr gut zu kräftigen Zigarren mit vollem Körper, aber auch zu den feineren. Die Geschmacksvarianten zwischen den Gängen verlangen geradezu nach einer Zigarre zwischendurch. Ein Riesling (Domäne Weinbach, Schlossberg Cuvée Sainte-Catherine) oder ein Tokayer-Pinot Gris (Clos Jebsal und Rangen von der Domaine Zind-Humbrecht) sind perfekt.

• *Beste Wahl:* Sehr aromatische, komplexe Zigarren mit erdigen Noten und gleichmäßigem Brand, die nachhaltig sind und nicht ermüden. *Bolívar, Ramón Allones, San Cristóbal de La Habana.*

# Zigarren und Alkohol

Alkohol und Zigarren gehören traditionell zusammen. Nur weil einige Kombinationen ein stilles Glück verheißen, müssen andere nicht ohne aufregenden Reiz bleiben. Weil letztlich alles eine Frage der Umstände ist, wird jeder zu jeder Gelegenheit die passenden Verbindungen selbst herausfinden. Einige wollen wir hier genauer betrachten.

**Vorsicht vor falschen Freunden**
Starker Alkohol, starke Zigarre: Nichts ist falscher, es sei denn, man braucht Kopfschmerzen. Beide prallen aufeinander, ergänzen sich nicht und betäuben die Geschmacksknospen. Man hüte sich also auch beim Aperitif vor Exzessen der Begeisterung und schone das Geschmacksempfinden für die Zigarre.

• *Champagner:* Trocken oder extra-trocken und nicht zu kalt serviert, bilden Champagner und Zigarre ein delikates Paar. Die Mischung von Kälte und Hitze wirkt überzeugend. Ein handliches Format mit aromatisch leichtem Geschmack ist genau das Richtige. *Gérard Père et Fils 444, El Rey del Mundo Cabinet Selección Choix Suprême.*
• *Whisky:* Alle Arten von Whisky machen sich gut zu Zigarren. Der torfige Geschmack eines schottischen Malts treibt eine Havanna auf ungeahnte Höhen, während ein sehr alter Whisky wunderbar zur eleganten Leichtigkeit einer dominikanischen Zigarre passt. *Santa Damiana Torpedo, Rafael González Coronas Extra.*
• *Portwein:* Große Jahrgänge sind für eine Havanna eine feine Ergänzung. Die fleischigen Noten und der volle Geschmack unterstreichen die waldige Erdigkeit der Zigarre, während beider Komplexität und Milde ein wechselseitiges Echo bilden. *Ramón Allones Petit Coronas, Juan López Selección N° 1.*
• *Eaux-de-Vie:* Calvados, Birnen, Pflaumen und andere Brände mit ihrem Fruchtgeschmack sind schon lange die natürlichen Partner von Zigarren. Milder Armagnac und Cognac sind gleichfalls eine gute Wahl. Ein bitterer Brand funktioniert überhaupt nicht. *Hoyo de Monterrey Double Coronas, Cohiba Siglo IV.*
• *Rum:* Wenn man noch nie Rum zusammen mit einer guten kubanischen Zigarre genossen hat, weiß man nicht, was ein ideales Paar ist. Der gemeinsame Boden und die gemeinsame Geschichte bringen einfach Harmonie zustande. Dennoch schlagen wir einen Jahrgangsrum aus Martinique vor – seine Rasse und Finesse steigern den Genuss einer Havanna enorm. *El Rey del Mundo Taínos, Partagás Pirámides Limitierte Auflage.*
• *Süßweine:* Muskatweine aus Rivesaltes und Beaumes-de-Venise oder andere Aperitifweine, Banyuls aus dem Roussillon zum Beispiel, passen ausgezeichnet zu Zigarren, besonders wenn sie ausgereift sind und Orangennoten entfalten. Die abgerundete Zigarre sollte die aromatische Komplexität umschmeicheln. *Saint Luis Rey Regios, H. Upmann Connoisseur N° 1.*

**Ein Meister des Hedonismus**
Es wird niemanden überraschen, aber die Religion des ewigen Epikureers und großen Schriftstellers Ernest Hemingway war der Geschmack. Schon früh war ihm klar, dass Genuss der Präzision bedarf. So wählte er für gewöhnlich den Rum passend zur Zigarre aus, oder anders herum, ja auch den Kaffee passend zum Rum, den er trinken wollte, passend zur Zigarre … oder umgekehrt.

# Auktions-Zigarren

Die gewachsene Popularität der Zigarren in den letzten Jahren hat zu einem neuen Markt für seltene, vergessene oder sonst wie außerordentliche Exemplare geführt, die gelegentlich versteigert werden. Diese Luxusgüter werden zumeist in den berühmten Auktionshäusern Christie's und Sotheby's umgeschlagen. Wie beim sonstigen Kunsthandel kann man hier Kisten, Partien und Einzelstücke erwerben.

### Havannas, die Königinnen des Marktes

Bis jetzt sind es ausschließlich Havanna-Zigarren, die eine ausreichende Nachfrage haben, um eine Auktion lohnend zu machen. Dafür gibt es zwei Hauptgründe: die extreme Vielfalt kubanischer Zigarren und das Verschwinden oder die Diskontinuität einzelner Marken.
Für Sammler stehen ohne Frage die Zigarren aus der vorrevolutionären Zeit an erster Stelle. Sie ermöglichen zwar kein exzellentes Rauchvergnügen mehr, sind aber Kuriositäten oder letzte Einzelstücke. Dazu gehören unter anderen Calixto López, Maria Guerrero und Henry Clay.
Nachrevolutionäre Zigarren werden auch von gewöhnlichen Liebhabern gesucht. Sie sind unter optimalen Bedingungen gereift und mit Ausnahme einiger der frühesten Jahrgänge noch länger bestens zu genießen. Jedermann kann auf diese Raritäten mitbieten. Sie erreichen gelegentlich astronomische Preise, zum Beispiel La Flor de Cano, Davidoff, Dunhill oder Romeo y Julieta Fabulosos.

> **Zum ersten – zum zweiten – und zum …**
> Am 12. Dezember 1994 versteigerte Sotheby's in einem Züricher Luxushotel 100 Partien außergewöhnlicher Zigarren, die wir ausgesucht hatten. In weniger als 15 Minuten waren etliche an Bieter aus Paris, New York, Hongkong und anderswo verkauft. Ein Bieter war über die Geschwindigkeit des Ganzen so verärgert, dass er seine Hand nicht mehr herunternahm und so noch einige gute Käufe tätigen konnte – aber in solcher Schnelligkeit, dass das Komitee weit vor Ende der Versteigerung nicht mehr mitkam.

*Die Rückseite eines Sotheby's-Auktionskatalogs, gestaltet von dem Maler Anton Molnar (rechts). Eine Originalseite aus dem Katalog mit Partien von Partagás Série D N° 4.*

> **Partagas D4**
>
> Type: Robusto
> Diameter: 2cm
> Size: 12.5cm
> Colour: 'maduro' to 'colorado'
> Bouquet: generous with aromas of pure cocoa
> Taste: rich, powerful and instantaneous
> Format: round, banded
> Production: hand made in Cuba
> Maturation: in the cellars of Gérard Père et Fils, Geneva
> 800  1 jar of 25 cigars
> 801  1 jar of 25 cigars
> 802  1 jar of 25 cigars
> 803  1 jar of 25 cigars
> 804  1 jar of 25 cigars
> 805  1 jar of 25 cigars
> 806  1 jar of 25 cigars
> 807  1 jar of 25 cigars
> 808  1 jar of 25 cigars
> 809  1 jar of 25 cigars
> per lot: £550-700

**Los Especiales**

Neben diesen ruhmreichen Vertretern der Vergangenheit erzielen auch die für ein besonderes Ereignis, wie das Jubiläum einer Marke oder eine Krönung und Ähnliches, geschaffenen Zigarren hohe Preise. Limitierte Serien für Teilnehmer eines bestimmten Ereignisses sind auch zu Anlageobjekten geworden.

Ein Beispiel sind die für die Chevaliers de Tastevin zur Burgunderlese 1988 in Clos de Vougeot gefertigten Zigarren »Die Hochzeit von Burgund und Havanna«, ein anderes die Cohiba Torpedos zum »Dinner des Jahrhunderts« zu Ehren des 500. Jahrestages der Ankunft Kolumbus' in Amerika (siehe S. 75).

Haben die Spitzenpreise irgendetwas mit der Welt des normalen Rauchers zu tun? Schwer zu sagen. Es sind ja nur kleinste Vorkommnisse in einer riesigen, globalen Welt. Auktionen haben eher etwas mit individueller Leidenschaft als künftigen Gewinnerwartungen zu tun. Und wenn eine Leidenschaft beginnt, weiß man nie, wie lange sie vorhalten wird.

# Fälschungen

Wie alle wertvollen Qualitätsprodukte werden auch Zigarren gefälscht, vorzugsweise Havannas mit Kisten, Bauchbinden und Herstellungszertifikaten. Den Geschmack kann man allerdings nicht fälschen. Aber weil es nicht so einfach ist, eine Zigarre vor dem Kauf zu schmecken, hier ein paar Tipps.

### Vier goldene Regeln
- Nur bei eingeführten Händlern kaufen. Sie sind schließlich für die Authentizität und die Qualität verantwortlich.
- Nie über das Internet bestellen, es sei denn, man kennt den Händler.
- Einmalige Gelegenheiten zu einmaligen Preisen meiden. Es gibt für Cohiba keinen vernünftigen Grund, zu einem Drittel des normalen Preises zu verkaufen.
- Vorsicht auch bei Angeboten, Teile des Lagers von Einzelpersonen zu kaufen. Auch hier gibt es eigentlich keinen Grund für Spottpreise.

### Einige Risiken
Es gibt auch noch andere Risiken als jene, dafür verfolgt zu werden, im Besitz gestohlener Ware zu sein.
- Die hübschen Kisten, besonders die lackierten, sind aus minderwertigem Holz und übertragen ihren Geruch auf die Zigarren und gleichen den Feuchtigkeitshaushalt nicht so optimal wie Zedernholz aus.
- Die Einlage besteht nicht nur aus Tabak, sondern zum Beispiel auch aus Bananenblättern, die in irgendeiner alten Einlage oder etwas ganz anderem versteckt sind, das nichts mit traditionellen Tabakmischungen zu tun hat.
- Tabakkäfer können eine nette Überraschung bereiten. Sie legen gern ihre Eier ab, und die neu Geschlüpften vernichten dann systematisch Ihre ganze Sammlung.

### Wie man Fälschungen entdeckt
Es gibt jede denkbare Kombination von totalen oder teilweisen Fälschungen: Kisten, Zigarren, Garantiesiegel. Hierauf sollte man achten:
- Eine Kiste mit Havannas muss ein Garantiesiegel der kubanischen Regierung tragen, das man hier wegen seiner grünen Farbe ironisch »Dollar« nennt. Nach einem Gesetz vom 16. Juli 1912 muss das »sello de garantía nacional de procedencia« an der linken Seite der Kiste (bei Kabinetten mit 50 Stück rechts) angebracht sein. Der Text steht in Englisch oben, in Französisch unten links und in Deutsch unten rechts.

Weiterhin muss die Republica de Cuba genannt sein, nicht zum Beispiel eine Provinz wie Vuelta Abajo. Und in der rechten Ecke (bei Kabinetten links) befindet sich ein »Habanos«-Aufkleber in roter Schrift mit gelbem Schatten und goldener Umrandung. Nach Europa importierte Kisten können auch einen Stempel des Importeurs und die übliche Gesundheitswarnung tragen.

- In den Boden sind folgende Texte eingraviert oder eingebrannt: Habanos s. a. (Cubatabaco auf alten Kisten), Hecho en Cuba und gegebenenfalls Totalmente a mano, außerdem Fabrik- und Datencodes.

- Man schaue in der Kiste nach, ob die Bauchbinden perfekt sitzen.
Zwischen den beiden Lagen in der Kiste kann ein Wachspapier liegen, das exakt die Größe der Kiste haben muss mit einer Lasche rechts oben.

*Zwei verschiedene Sancho Panza Belicosos. Auf den ersten Blick scheint die linke attraktiver zu sein, aber sie ist eine offenkundige Fälschung. Die Größe und die Farbe sind falsch, der Fuß und die Bauchbinde sind höchst mittelmäßig. Beim Original ist der Markenname auf der Oberseite der Kiste, bei der Fälschung an der Seite.*

# Große kubanische Marken gestern und heute

Eine ausführliche Geschichte der kubanischen Zigarren muss noch geschrieben werden. Da finden sich Heldensagen von Tod und Wiederauferstehung. Nach dem Ende des Booms der 1990er-Jahre kursieren derzeit Gerüchte über das Ende von H. Upmann und La Corona und weitere Anpassungen an die Marktlage – man wird sehen. Einige der geschichtsträchtigen großen Marken, deren Spitzenprodukte alle im zweiten Band dieses Werkes vertreten sind, sollen hier kurz vorgestellt werden.

### Bolívar
Die Marke ist nach Simón Bolívar benannt, der Anfang des 19. Jahrhunderts den kubanischen Freiheitskampf gegen die Spanier anführte. Die Marke hat sich in den letzten Jahren verjüngt und zumindest bei ihren handgerollten Formaten Fülle und Stärke erhalten sowie an Rundheit und Geschmeidigkeit dazugewonnen.
• *Die Besten:* *Belicosos Finos (Campana), Coronas Gigantes (Julieta), Royal Coronas (Robusto), Immensas (Dalia), Petit Coronas (Mareva).*

### Cohiba
Die Cohiba verdankt ihren legendären Ruf der aufregenden Gründungsgeschichte in den 1960er-Jahren und ihrer Qualität. Sie hat ihre fruchtige und volle aromatische Bandbreite weiter verbessert und an Geschmack gewonnen, wie an der Siglo-Serie zu spüren ist.
• *Die Besten:* *Espléndidos (Julieta), Siglo IV (Cañonazo), Siglo IV (Corona Gorda), Robustos (Robusto), Siglo V (Dalia), Siglo III (Corona Grande), Siglo II (Mareva), Lanceros (Laguito N° 1).*

### Cuaba
Gegründet 1996, verfolgt die Marke die einzigartige Strategie, nur das traditionelle Format Figurado zu produzieren. Die vier Varianten sind alle leicht und aromatisch und exzellente Einsteigerformate.
• *Die Besten:* *Salomones (Salomón), Exclusivos (Exquisito).*

### Diplomáticos
Sie kamen als günstigere Doppelgänger der Montecristo-Serie N° 1 bis N° 5 in den 1960er-Jahren auf den europäischen Markt, verfügen über ausreichende Stärke und reifen gut.
• *Die Besten:* *N° 2 (Pirámide).*

### La Gloria Cubana
1885 gegründet und mit einer wechselhaften Geschichte versehen, festigte sich der Ruf in den 1970er-Jahren. Das Angebot ist heute vielfältig. Die Marke hat ihre großen Formate beibehalten, als andere auf kleinere umstiegen. Liebhaber schätzen ihre intensiv fruchtigen Aromen und ihre milde Finesse.
• *Die Besten:* *Taínos (Julieta), Médaille d'Or N° 2 (Dalia), Sabrosos (Cervantes), Médaille d'Or N° 1 (Delicado), Médaille d'Or N° 3 (Panetela Larga).*

### Hoyo de Monterrey
José Gener gründete die Marke 1865, ihm gehörte auch La Escepción. Hoyos sind typisch leicht und geschmackvoll mit süßen und floralen Aromen. Die Zigarren sind subtil und elegant.
• *Die Besten:* *Particulares Limitierte Auflage (Corona Grande), Petit Robustos (Petit Robusto), Le Hoyo du Prince (Almuerzo).*

### H. Upmann
Die Brüder August und Hermann Hupmann gründeten 1844 die Marke und machten daraus H. (für »Hermanos«, Brüder) Upmann. Die Zigarren sind voll, erdig und stark im alten Havanna-Stil. Subtilität ist nicht ihre Stärke, aber besonders die Spitzenprodukte haben doch Komplexität und Charakter.
• *Die Besten:* *N° 2 (Pirámide), Sir Winston (Julieta), Magnum 46 (Corona Gorda), Connoisseur N° 1 (Hermoso N° 4).*

### Juan López
Diese gleichfalls unter dem vollen Namen Flor de Juan López sehr alte Marke hat sich auf mittelgroße und kleine Formate spezialisiert. Mit ihrem leichten und süßen, aber sehr aromatischen Geschmack hat sie in den 1980er-Jahren ihre Liebhaber gefunden.
• *Die Besten:* *Selection N° 1 (Corona Gorda), Selection N° 2 (Robusto).*

### Montecristo
Die Marke wurde 1935 von den Familien Menéndez und García gegründet und wird als Archetyp der Havanna angesehen. Die Steigerung der Produktion hat kürzlich zu Qualitätsverlusten geführt, aber die vollmundige Milde der großen Formate bietet weiter die traditionellen, unerreichten Standards.
• *Die Besten:* *N° 2 (Pirámide), »A« (Gran Corona), Edmundos (Edmundo), Petit Edmundos (Edmundo).*

## Partagás

La Flor de Tabacos de Partagás y Cía wurde 1827 von dem Katalanen Don Jaime Partagás gegründet. Die Marke genießt von Beginn an enormes Prestige. Tanninig, manchmal rustikal, hat sie sich den Wandlungen des Geschmacks erfolgreich anpassen können. Intensität, Authentizität und Reichhaltigkeit sind weiter das Markenzeichen.
• *Die Besten: P2 (Pirámide), Lusitanias (Prominente), Série D N° 4 (Robusto), 8-9-8 Verni (Dalia), Lonsdales Cabinet Selection (Cervantes), Coronas Cabinet Selection (Corona), Petit Coronas Cabinet Selection (Mareva), Shorts (Minuto).*

## Por Larrañaga

Die Marke ist seit 1834 mehr oder weniger unbekannt geblieben. Es gibt ein Dutzend Formate, leicht und voll mit Honig-Aromen.
• *Die Besten: Petit Coronas Cabinet Selection (Mareva).*

## Punch

Diese alte Marke (1834) hat ein vielfältiges Angebot von Formaten, die sich kräftig in waldige und fruchtige Aromen entfalten und von beispielhafter Gleichmäßigkeit sind.
• *Die Besten: Double Coronas (Prominente), Churchills (Julieta), Royal Selection N° 11 (Corona Gorda), Punch-Punch (Corona Gorda), Petit Coronas (Mareva), Royal Selection N° 12 (Mareva).*

## Rafael González

Diese alte Marke, mit vollem Namen Flor de Rafael González, bietet einige der feinsten Zigarren der Welt an. Die reichhaltigen Aromen haben Akzente von Gewürzbrot, die Deckblätter sind exquisit. Nobel durch und durch.
• *Die Besten: Coronas Extra (Corona Gorda), Lonsdales (Cervantes), Petit Coronas (Mareva), Slenderellas (Panetela Larga).*

## Ramón Allones

Eine weitere alte Marke (1845) für Liebhaber. Mächtig und schwer, gehören die Zigarren zum Havanna-Standard mit vollem, erdigem Geschmack. Weil das Angebot begrenzt ist, zeichnen sie sich durch sehr gleichmäßige Qualität aus.
• *Die Besten: Gigantes (Prominente), Specially Selected (Robusto), Small Club Coronas (Minuto).*

### El Rey del Mundo
Gegründet 1882, war die Marke nach schwierigen Zeiten erst Ende der 1980er-Jahre wieder da. Die Zigarren sind mild mit floralen und würzigen Akzenten, also gefällig.
- *Die Besten:* Taínos (Julieta), Gran Coronas (Corona Gorda), Cabinet Selección Choix Suprême (Hermoso N° 4).

### Romeo y Julieta
Eine der bekanntesten Marken seit 1875. Die Vielfalt der Formate ist ebenso reichhaltig wie die kräftigen, fast etwas rauen Geschmacksrichtungen.
- *Die Besten:* Belicosos (Campana), Churchills (Julieta), Exhibición N° 4 (Hermoso N° 4), Short Churchills (Robusto), Coronas (Corona).

### Saint Luis Rey
Die Marke ist etwas für Liebhaber und war bis in die 1980er-Jahre relativ unbekannt. Die Aromen sind erdig, würzig und leicht süß. Ein Gelegenheitsraucher wird angenehm überrascht sein.
- *Die Besten:* Double Coronas (Prominente), Churchills (Julieta), Série A (Corona Gorda), Regios (Hermoso N° 4).

### Sancho Panza
Seit 1848 gibt es unter diesem Namen Spitzenzigarren. Sie sind fein, elegant und geschmackvoll mit floralen, süßen Noten.
- *Die Besten:* Molinos (Cervantes), Coronas (Corona).

### San Cristóbal de La Habana
Die neue Marke (1999) wird bereits wegen ihrer eher feinen Milde bei einer neuen Generation von Zigarrenliebhabern geschätzt, die nicht so mächtige Zigarren lieben – gewissermaßen leicht zu genießen.
- *Die Besten:* La Punta (Pirámide), El Morro (Julieta), La Fuerza (Corona Gorda), El Príncipe (Minuto).

### Trinidad
In der Linie von Cohiba 1998 gegründet, hat die Marke mit verführerischen Zigarren nach und nach die Liebhaber durch ihre röstigen und würzigen Noten mit Noten von Kakao überzeugt. Das Angebot von Trinidad mit vier Formaten wird heute in Pinar del Rio im Herzen des Vuelta Abajo gefertigt.
- *Die Besten:* La Punta 8 (Pirámide), El Morro (Julieta), La Fuerza (Corona Grande), El Príncipe (Minuto).

### Vegas Robaina
Diese neuere Marke, benannt nach einer alten kubanischen Plantagenfamilie, hat 1997 das Licht der Welt erblickt. Sie ist wegen der außergewöhnlichen Qualität ihrer Deckblätter berühmt, die unter Tapados reifen. Ihre fünf Formate sind sehr aromatisch und von mäßiger Stärke.
- *Die Besten:* Unicos (Pirámide), Don Alejandro (Prominente), Familiares (Corona).

*In den letzten Jahren sind erstaunlich viele neue kubanische Marken entstanden. Auf dem internationalen Markt sind Cuaba (1996), Vegas Robaina (1997), Trinidad (1998) und San Cristóbal de La Habana (1999) erhältlich.*

# Jahrgangszigarren und Legenden

Wie alle Produkte, die eine Reifezeit durchmachen, kann eine Zigarre ein respektables Alter erreichen. Um zur Legende zu werden, muss sie nur noch entsprechend selten sein.

**Vintage-Zigarren**
Zigarren sind nach zwei bis fünf Jahren gereift. Danach betrachtet man sie als Vintage-Zigarren. Sie müssen – wie Wein – bis dahin unter optimalen Umständen gelagert worden sein. Und wie beim Wein reifen manche Tabake besser als andere. Die Kunst besteht darin, die Eigenschaften des Tabaks zu berücksichtigen und den Reifeprozess darauf auszurichten.

Die Zeit ist natürlich einer der wichtigsten Faktoren. Je länger die Reifezeit, desto besser ist das Ergebnis. Eine Zigarre entwickelt mit der Zeit einen wunderbar runden Geschmack. Aber am wichtigsten ist die Tatsache, dass mit der Reife Aromen entstehen, die ohne diese Reifezeit nicht vorhanden wären.

Der Geruch einer lange gereiften Zigarre ist vor dem Anzünden zumeist sehr vegetarisch. Der Rauchgeschmack beginnt immer fast zu mild, ein wenig flach und kaum waldig. Dann entfalten sich Lederaromen mit Madera-Akzenten und blühen im letzten Drittel zu subtilen, cremigen und reichhaltigen Tönen auf.

**Der Boom der 1990er-Jahre**
Bis vor Kurzem war England das einzige Land, das die Kunst des Reifens von Jahrgangszigarren pflegte, wenn auch aus anderem Grund. Aus historischen Erwägungen (siehe S. 47) schätzen Engländer trockenere Zigarren. Diesem Ziel dient vorrangig die lange Lagerung.

Als in den 1980er-Jahren abgerundetere, entfaltete Geschmacksrichtungen gefragt waren, stieg überall das Interesse an Jahrgangszigarren. Aber erst im nächsten Jahrzehnt standen die nachrevolutionären Havannas in schönster Reife. Damit begann der Run auf gereifte Dunhills, Davidoffs, La Flor de Cano, Montecristo »B« oder eine Jahr-

*25 Henry Clay Diamantinos in ihren originalen Tuben aus Glas (linke Seite). Cabinetta, Varadero und Havana Club von Dunhill, Davidoff 80 Aniversario, Partagás Cristal Tubos, Rafael González Vitolas B, Romeo y Julieta Romeos, La Flor de Cano Diademas (links).*

gangsdose aus Glas von H. Upmann. Sie sind heute kaum noch rauchbar, aber wertvolle Sammlerstücke.

**Legenden**

Anders als bei den Vintage-Zigarren verliert man beim Rauchen eines Sammlerstückes alles, gewinnt aber gar nichts – sie sind von historischem oder persönlichem Interesse. Als am wertvollsten gelten nicht mehr hergestellte Marken (Henry Clay, Maria Guerrero, Cabañas y Carbajal, Joaquín Cuesta, La Corona, Villar y Villar etc.) oder nicht länger erhältliche Formate (Gispert Petit Coronas de Luxe, Longos de La Escepción, Palmas Reales Cristal Tubos de Partagás etc.). Sie sind die letzten Zeugen einer Epoche.

Auch die reine Seltenheit, wie etwa bei Auflagen zu bestimmten Ereignissen, macht Zigarren zu Sammlerstücken. Dazu gehören zum Beispiel die Cohiba Millennium (Torpedos), die Luxuskisten von 1996 Partagás (50 Salomones), die drei Formate zum 150. Jahrestag von Partagás (50 Lusitanias im alten Stil, 50 8-9-8, 50 Robustos) oder die 50 Double Coronas mit spezieller Bauchbinde zum 30. Jahrestag von Cohiba. All diese Zigarren sind – zusammen mit vom Markt verschwundenen – die Legenden von morgen, extravagant und traumhaft.

# Die »Zigarrenbank«

Es gibt zwei Ziele für Sammler: seltene Zigarren, die bereits zu alt zum Rauchen sind, und lange gereifte Zigarren in ihrer Blüte. Die zweite Leidenschaft hängt vom Auktionsangebot ab.

### Leidenschaften

Gesammelt werden natürlich nur Spitzenzigarren. Auch Sammler eines einzigen Formats werden nicht alles kaufen, was es gibt (z. B. Double Coronas Kabinett). Es macht keinen Sinn, minderwertige Zigarren zu sammeln, die nicht vernünftig reifen. Manche sammeln bestimmte Marken, andere bestimmte Galeras, wieder andere ausgelaufene oder vergessene Formate, besondere Auflagen, Spezialitäten, Figurados, vorrevolutionäre oder nachrevolutionäre Havannas oder Zigarren, die älter als 50 Jahre sind.

Es soll auch Leute geben, die Fälschungen sammeln! Aber dies ist eine etwas periphere Leidenschaft, weil die originale Qualität natürlich niemals erreicht wird.

### Optimaler Service

Zeit, Geduld und Überredungskunst sind die Voraussetzungen für eine wertvolle Sammlung. Auch die ältesten, nicht mehr rauchbaren Zigarren müssen bei gleichbleibenden Temperaturen und konstanter Luftfeuchtigkeit gelagert werden.

Deshalb haben wir 2001 nach drei Jahren Arbeit die Private Zigarrenbank gegründet (siehe Foto rechte Seite). Hier können Sammler ihre Zigarren unter optimalen Bedingungen unter Aufsicht von Spezialisten lagern lassen. Einige Hundert Kisten für langfristige Lagerung stehen im »Salle des Coffres« für diesen Zweck bereit.

Ein komplexes System reguliert die Bedingungen für jede einzelne Zigarre und kann vom Kunden jederzeit über das Internet eingesehen werden. Alle zusätzlichen Daten wie Datum des Kaufs, aktueller Preis, Marktsituation usw. werden hier vorgehalten. Die Kunden können sich somit in aller Ruhe der Komplettierung ihrer Sammlung widmen, und die Zigarren warten in Frieden auf das Ende ihrer Ära.

SAINT LUIS REY
N.R.S.
HABANA
Double Coronas
ROMEO Y JULIETA
ROMEO Y JULIETA
H.UPMANN
HABANA

# Die Cuvées Spéciales von Gérard Père et Fils

Das Geschmacksempfinden der Zigarrenliebhaber entwickelt sich weiter und ist seit mehr als 20 Jahren unser Thema. Deshalb haben wir auch ein Angebot entwickelt, das diesen neuen Erwartungen gerecht wird.

### Die Methode
Für das Geschmacksempfinden ist die Qualität der Rohmaterialien entscheidend. Zigarren sind da keine Ausnahme. Wir haben die besten Plantagen in verschiedenen Teilen Mittelamerikas ausgewählt und überwachen die Produktion in der Dominikanischen Republik penibel.
Unsere »Cuvées Spéciales« sind für die erste Gewöhnung des Gaumens an den Charme von Zigarren gedacht und bieten eine delikate Palette, abgerundet und voller Finesse.

### Authentizität
Wir haben uns für die wichtigsten Durchmesser entschieden, die einen abgerundeten Geschmack ohne Überhitzung und Aggressivität bieten.
*222:* eine frische Très Petit Corona, leicht und sehr süß. Für den Anfänger eine bestens geeignete Tageszigarre.
*333:* eine edle Half Robusto, die den Gaumen nicht überfrachtet. Ideal zum Aperitif, zum Beispiel einem Whisky.
*444:* eine typische Robusto, seidig und mild und mit aromatischer Leichtigkeit. Bestimmt für den Tag oder nach dem Essen, besonders im Sommer.
*555:* eine Belicoso (Petit Torpedo), die durch die Leichtigkeit ihres Brandes und die floralen Noten verführt.
*666:* eine Cañonazo von großer Eleganz und sehr schmackhaft, perfekt im Rahmen eines leichten Dinners.
*888:* die Double Corona par excellence von einer seltenen Leichtigkeit. Elegant, sanft – sie belastet nicht.
*999:* eine unaufdringliche Double Pirámide, die den Gelegenheitsraucher durch den großen Körper beeindruckt.
*TTT:* reichhaltig und nachhaltig, markanter als die 222. Bietet sich für den Abend oder nach dem Essen an.
*CCC:* eine reichhaltige und dichte Robusto, gut für die frische Luft – sie ist in einer halben Stunde genossen.
*SSS:* eine fette und aromatische Robusto, dominiert vom Duft von Korinthen. Für den gefestigten Raucher die perfekte Zigarre nach einer Mahlzeit.
*VVV:* diese Belicoso überzeugt durch ihre Fülle, besonders im Finale. Exzellent für den ganzen Tag eines Kenners.
*MMM:* Eine große Cañonazo, gleichzeitig schön und fett, die den Liebhaber runden und edlen Geschmacks im Spektrum feuchten Waldbodens überzeugt.
*AAA:* diese Grand Corona ist bestens als Einführung in die großen Formate geeignet, aromatisch, edel und zuckrig.
*BBB:* diese Double Pirámide beeindruckt durch ihre für ein solches Format erstaunliche Finesse.

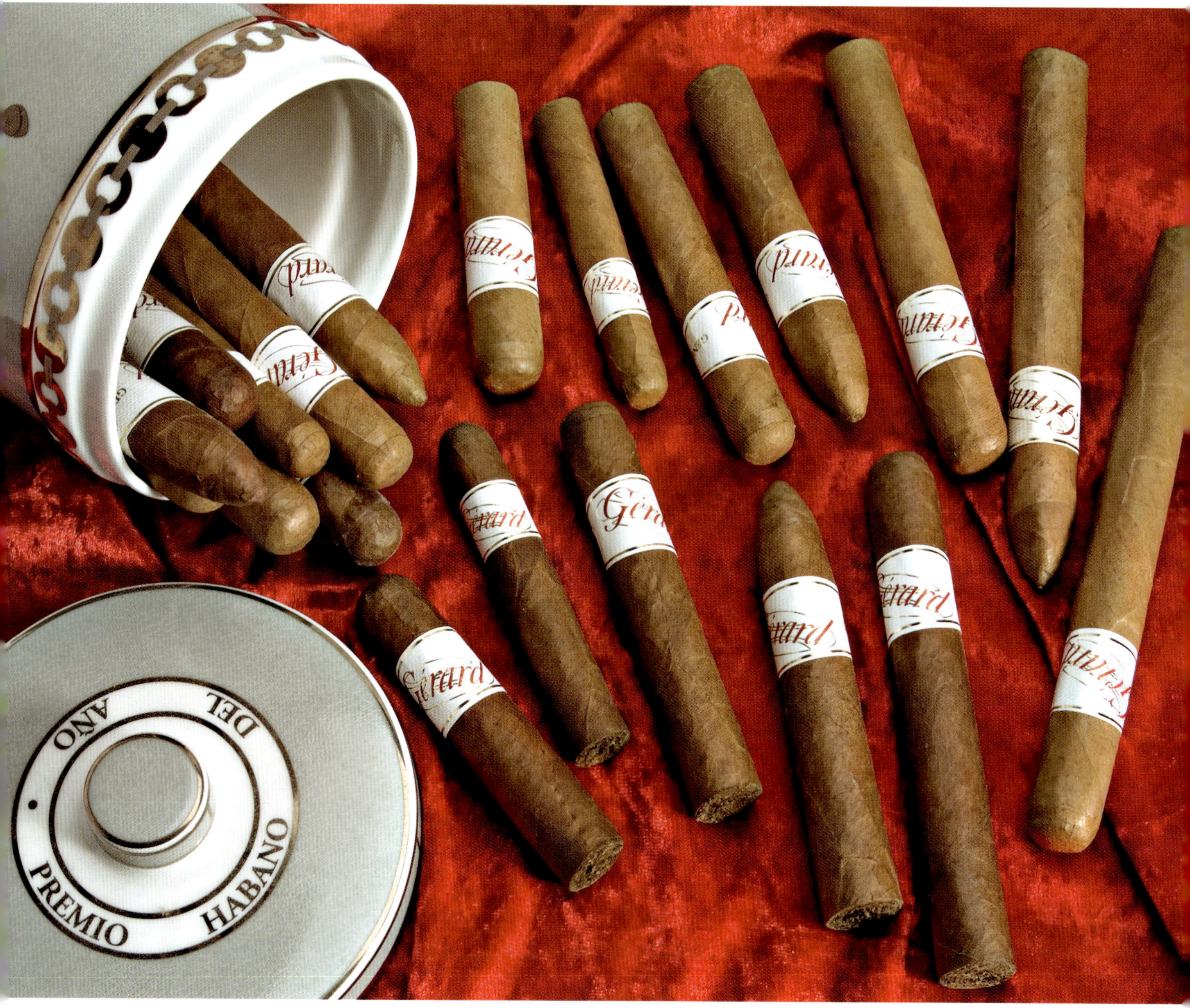
PREMIO HABANO DEL AÑO

# Die limitierten Serien

Die Welt der Zigarren ist in Bewegung geraten. Nie seit den 1930er-Jahren, als in Kuba eine Vielzahl großer und kleiner Marken produziert wurde, gab es ein solch breites Angebot wie heute. Zusammen mit der Bereitschaft einer neuen Generation von Rauchern, neue Geschmacksrichtungen auszuprobieren, führt dies unvermeidlich zu neuen Trends und verschiedenen Formen.

**Die limitierten Serien**
Seit Beginn des neuen Jahrtausends verkörpern die limitierten Serien erstmals die Kreativität der Zigarrenbranche. Die Maduro- oder Oscuro-Deckblätter bieten hauptsächlich den Liebhabern starke Empfindungen und versprechen reichen Geschmack. So verhilft man den vollmundigen Zigarren zu einer großartigen Wiederkehr, da sie in den 1990er-Jahren vernachlässigt worden waren. Jedes Jahr gibt es zwei oder drei neue limitierte Serien auf dem Markt. Sie können aufgrund ihrer Mischungen exzellente Vintages sein, aber das gilt nicht immer. Einige Marken setzen sich sofort durch, andere setzen überhaupt auf die Langlebigkeit.
Im Gegensatz zu den Kollektionen (siehe S. 82) sind die limitierten Serien nicht zahlreich und, wie die Bezeichnung schon verrät, nicht unerschöpflich. Ihr Wert wächst im Laufe der Zeit sowohl hinsichtlich des Preises als auch des Geschmacks. Es gibt für alle Formate limitierte Serien, aber Pirámide, Robusto, Grand Corona und Sublimes sind doch die Hauptdarsteller.

**Große limitierte Serien**
**Cohiba**
Double Coronas – 2003 – Double Corona (Prominente)
Sublimes – 2004 – Gran Robusto (Sublime)
Pirámides – 2001, 2006 – Torpedo (Pirámide)

**H. Upmann**
Magnum 50 – 2004 – Gran Robusto (Cañonazo)

**Hoyo de Monterrey**
Pirámides – 2003 – Torpedo (Pirámide)
Épicure Especial – 2004 – Gran Robusto (Gordito)
Particulares – 2001 – Especial (Gran Corona)

**Montecristo**
Robustos – 2000, 2006 – Robusto
C – 2003 – Gran Corona (Corona Gorda)
D – 2005 – Lonsdale (Dalia)

**Partagás**
Pirámides – 2000 – Torpedo (Pirámide)
Série D N° 1 – 2004 – Double Corona (Partagás 16)
D 2 – 2003 – Gran Robusto (Double)
D 3 – 2001, 2006 – Gran Corona (Corona Gorda)

**Romeo y Julieta**
Exhibición N° 2 – 2000 – Double Corona (Prominente)
Hermosos 1 – 2003 – Churchill (Hermoso N° 1)
Hermosos 2 – 2004 – Gran Corona (Hermoso N° 2)

Petit Pirámides – 2005 – Figurado
(Petit Pirámide)

Man hört einige böse Zungen behaupten, die limitierten Serien seien nichts anderes als gute Marketingideen. Sicher, das sind sie auch. Aber es funktioniert auch gut. Denn es handelt sich immer um Ausnahmestücke hinsichtlich der Ausgangsmaterialien, der Herstellung und der Mischung.
Außerdem haben die Liebhaber durch die limitierten Serien wieder die Deckblätter Maduro und Oscuro entdeckt, ebenso die Komplexität und das außerordentliche aromatische Potenzial der dunklen Blätter, durchtränkt von Saft und Sonne.

Bei diesen durch ihre Stärke und Vollmundigkeit bemerkenswerten Zigarren, die manchmal an die Grenze der Aggressivität gehen, erlaubt eine Reifezeit zwischen fünf und zehn Jahren eine Sublimierung der Aromen, die an Subtilität und Rundheit gewinnen. Sie sind also nicht für jedermann oder beiläufig zu genießen. Sie sind eher anspruchsvoll, besonders, wenn sie noch jung sind, und verlangen Gesundheit, innere Bereitschaft und Zeit. Durch diese Eigenschaften könnte sich zum Beispiel ein müder oder gestresster Liebhaber bei einer solchen Degustation eher überfordert fühlen als begeistert zu werden – das wäre sehr bedauerlich.

# Die Kollektionen

Seit Beginn der 1980er-Jahre sind die großen Marken dazu übergegangen, die bedeutenden Daten ihrer Geschichte besonders herauszustellen. Um jeden Geburtstag zu feiern, hat auch Habanos SA eine limitierte Serie prächtiger Zigarrenkisten herausgebracht. Andere Marken halten sich an die klassischen Formen, verwenden aber neue Mischungen. Namen wie Cohiba, Hoyo de Monterrey oder Partagás ragen durch ihre Exzellenz heraus.

**Was heißt »Kollektion«?**
Diese Produkte wenden sich an verschiedene Typen von Liebhabern. Aber man rechnet auch mehr und mehr mit solchen, die Luxus überhaupt schätzen und eben auch eine einzigartige Zigarre zu einer besonderen Gelegenheit.

**Eine besondere Welt**
Im Laufe der Zeit haben die limitierten Serien oder die Kollektionen zur Bildung einer großen und teilweise exklusiven, aber sehr vielfältigen Familie geführt. Diese Sammlerstücke werden, wie der Name schon sagt, in sehr geringen Zahlen, zumeist zwischen 100 und 500 Stück, hergestellt. Die Kisten enthalten unterschiedlich viele Zigarren oder verschiedene Formate und kommen im Allgemeinen als Humidor daher. Deren Qualität betont die Exzellenz und beweist nochmals die wertvolle Kunst des Torcedor.

**Cohiba**
2002 Cohiba Gran Coronas (100 Stück)
2002 Cohiba 10. Anniversaire (500 Stück)
2002 Cohiba Selección 35. Anniversaire (600 Stück)
2005 Behike (100 Stück)

**H. Upmann**
2004 160. Anniversaire (250 Stück)
2006 Upmann Antigua (200 Stück)

**Hoyo de Monterrey**
2004 Hoyo de Monterrey Selección (500 Stück)

**Montecristo**
2003 Séric Spéciale (700 Stück)

**Partagás**
2000 155. Anniversaire (155 Stück)
2004 Partagás Reserva (2000 Stück)
2006 160. Anniversaire (500 Stück)

**Romeo y Julieta**
2000 125. Anniversaire (125 Stück)
2005 130. Anniversaire (500 Stück)

**San Cristóbal**
2004 5. Anniversaire (500 Stück)

**Trinidad**
2002 Casita Y 3T (500 Stück)

**Vegas Robaina**
2002 5. Anniversaire (500 Stück)

*Wie die meisten Kollektionen ist die zum 150. Geburtstag von Partagás herausgegebene ein überragendes Beispiel an Eleganz und Geschmack.*

# Eine ideale Auswahl für den Anfänger

Die folgenden Empfehlungen sind für den Neuling gedacht. Sie beruhen auf jahrelangen Erfahrungen in der Beratung von Menschen, die Zugang in die Welt der Zigarren suchen.

**Morgens**
*Gérard Père et Fils 222*. Diese sehr kurze Corona belastet den Geschmack nicht und ist frisch und schnell zu rauchen.

**Nach einem leichten Lunch ohne Alkohol**
*Gérard Père et Fils 555*. Geschmackvoll und mild, rund und üppig ist die Visitenkarte dieser gefälligen Torpedo.

**Nach einem leichten Lunch mit Alkohol**
*Cuaba Exclusivos*. Die frische und waldige Exquisito (Figurado) wird allmählich vollmundiger und würziger, ohne die Zunge zu überfordern.

**Nach einem üppigen Lunch mit Alkohol**
*El Rey del Mundo Cabinet Selección Choix Suprême*. Diese raucherfreundliche Hermoso N° 4 (Robusto) ist mild und geschmackvoll mit einer erstaunlichen Leichtigkeit.

**Nachmittags**
*S.T. Dupont Robustos*. Elegant und bescheiden mit perfektem Brand und nie langweilig.

**Apéritif**
Eine Pause vor dem Dinner schärft den Geschmackssinn.

**Nach einem leichten Dinner ohne Alkohol**
*Rafael González Petit Coronas*. Vegetarisch mit waldigen Noten, bietet diese aromatisch milde Mareva einen guten Einstieg in alles, was noch kommen soll.

**Nach einem leichten Dinner mit Alkohol**
*La Gloria Cubana Médaille d'Or N° 1*. Eine qualitätsvolle Delicado (Gran Panetela), sehr elegant, mit einzigartig gutem Brand für dieses Format.

**Nach einem üppigen Dinner mit Alkohol**
*Quai d'Orsay Imperiales*. Diese waldige, geschmackvolle und milde Julieta (Churchill) ist als Einführung in die schwereren Formate für den Anfänger bestens geeignet.

*Von unten nach oben und von links nach rechts: Rafael González Petit Coronas, Cuaba Exclusivos, Gérard Père et Fils 222, Quai d'Orsay Imperiales, El Rey del Mundo Cabinet Selección Choix Suprême, Gérard Père et Fils 555, La Gloria Cubana Médaille d'Or N° 1, S.T. Dupont Robustos.*

QUAI D'ORSAY
CUABA
HABANA
PARIS
DEL MUNDO
HABANA
C.E.G.
HABANA
E ET FILS
GENÈVE

# Eine ideale Auswahl für den Liebhaber

Diese Empfehlungen sind für den Raucher gedacht, der sich bereits mit verschiedenen Formaten und einigen Geschmacksrichtungen auskennt.

**Morgens**
*San Cristóbal de La Habana El Príncipe.* Diese vegetarische und frische Minuto (sehr kleine Corona) ist ein guter Start in den Tag.

**Nach einem leichten Lunch ohne Alkohol**
*Padrón 1964 Anniversary Coronas.* Die Zigarre ist reichhaltig und aromatisch und wirkt nicht lange nach.

**Nach einem leichten Lunch mit Alkohol**
*Arturo Fuente Fuente Opus X Perfexción Robustos.* Eine feine, ölige und aromatische dominikanische Zigarre ohne würzige Noten, die ein leichtes Mahl perfekt krönt.

**Nach einem üppigen Lunch mit Alkohol**
*Rafael González Coronas Extra.* Diese Corona Gorda (Gran Corona) im besten Havanna-Stil betört mit floralem Aroma, perfektem Brand und schöner Ausgewogenheit.

**Nachmittags**
*Gérard Père et Fils 444.* Eine sehr angenehme Robusto mit Frische und bestem Brand, mit der man gut auf den Abend warten kann.

**Apéritif**
*La Gloria Cubana Médaille d'Or N° 3.* Leicht im ersten Drittel, dann intensiver werdend, mit waldigen und vollen Noten ausgestattet, ist die Panetela Larga eine der am leichtesten zu rauchende ihrer Art.

**Nach einem leichten Dinner ohne Alkohol**
*Por Larrañaga Petit Coronas Cabinet Selection.* Diese aromatische Zigarre entfaltet feine florale Noten, die ihr viel Charme verleihen. Das runde und reichhaltige Finale dürfte den Zigarrenliebhaber sehr zufriedenstellen.

**Nach einem leichten Dinner mit Alkohol**
*H. Upmann Connoisseur N° 1.* Diese unaufdringliche und gut erhältliche Hermoso N° 4 (Robusto) bewegt sich im leichteren Bereich. Ihr Brand ist zügig und angenehm.

**Nach einem üppigen Dinner mit Alkohol**
*El Rey del Mundo Taínos.* Eine frische, leichte, gut erhältliche Julieta (Churchill), die nie ermüdet. Eine ausgezeichnete Einführung in die Welt der großen Formate.

*Von oben nach unten und von links nach rechts: Rafael González Coronas Extra, Por Larrañaga Petit Coronas Cabinet Selection, El Rey del Mundo Taínos, La Gloria Cubana Médaille d'Or N° 3, Arturo Fuente Fuente Opus X Perfexción Robustos, Gérard Père et Fils 444, H. Upmann Connoisseur N° 1, Padrón 1964 Anniversary Coronas, San Cristóbal de La Habana El Príncipe.*

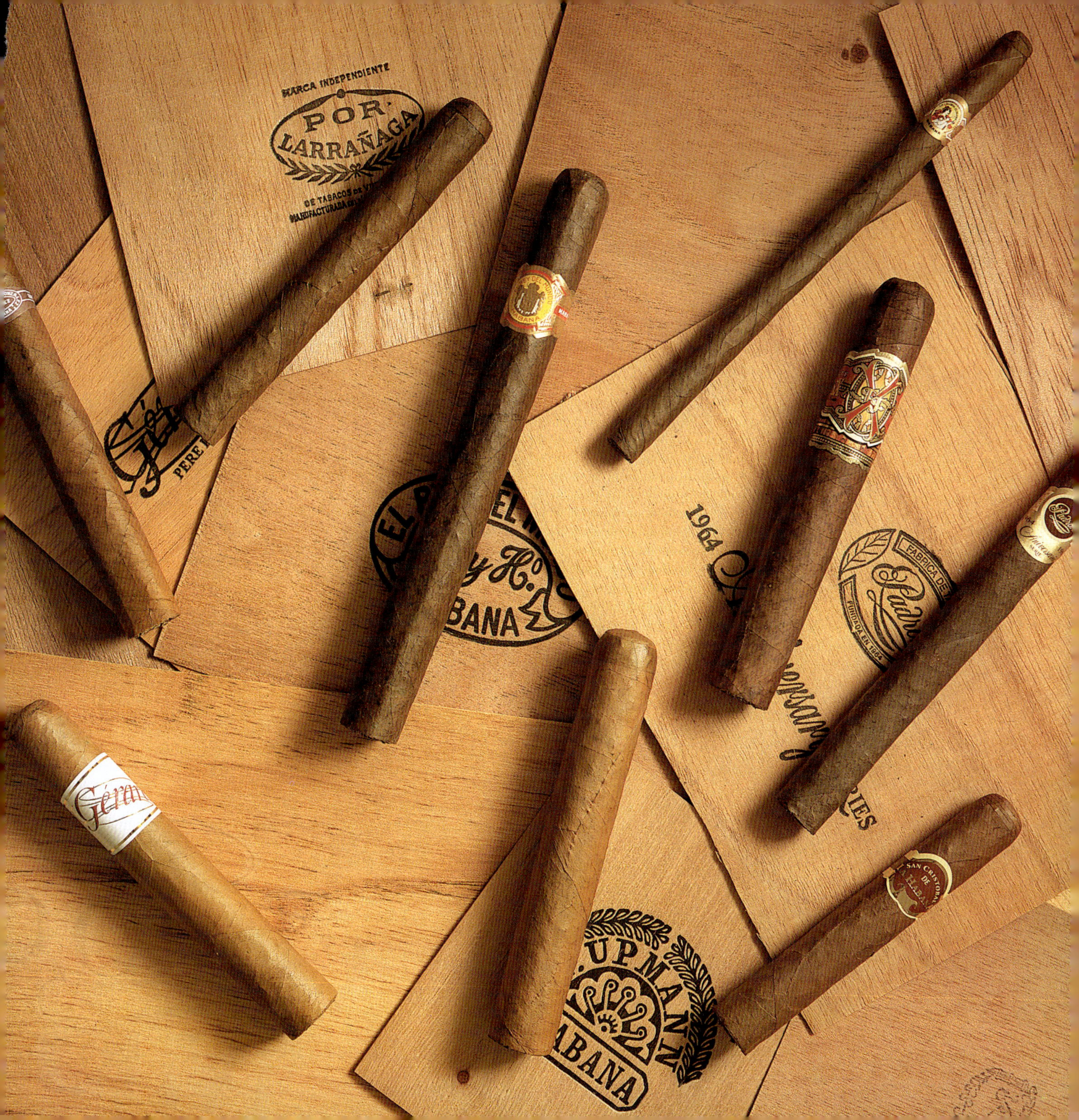
MARCA INDEPENDIENTE
POR LARRAÑAGA
1964

# Eine ideale Auswahl für den erfahrenen Liebhaber

An dieser Stelle betreten wir das Reich von Zigarren mit größerer Tiefe und Verschiedenheit des Geschmacks. Diese Zigarren belohnen den Genießer für die Mühe. Sie sind etwas für erfahrene Raucher mit trainiertem Geschmacksempfinden.

### Nach dem Frühstück
*Partagás Shorts.* Diese Minuto (Très Petit Corona) ist ein einziger Weckruf. Frisch und voller Geschmack mit floralen und Vanille-Akzenten, mit denen der Tag kommen kann.

### Morgens
*Cohiba Siglo III.* Eine große, subtile und milde Corona, um dem Tagesanfang eine gewisse Finesse zu geben.

### Nach einem leichten Lunch ohne Alkohol
*Partagás Coronas Cabinet Selection.* Diese edle und üppige Havanna ganz in der Tradition kommt gleich auf den Punkt und liefert reichhaltige Aromen.

### Nach einem leichten Lunch mit Alkohol
*San Cristóbal de La Habana La Punta.* Eine Pirámide (Torpedo), die nie nachlässt. Die Entwicklung des Geschmacks während des Rauchens ist erstaunlich, besonders bei einer noch so jungen Zigarre.

### Nach einem üppigen Lunch mit Alkohol
*La Gloria Cubana Médaille d'Or N° 2.* Diese rassige Dalia (Churchill) ist reichhaltig und intensiv. Die würzigen und waldigen Akzente sind der krönende Abschluss eines guten Mahls.

### Nachmittags
*Saint Luis Rey Regios.* Fast überall erhältlich, stellt diese milde und leicht waldige Hermoso N° 4 (Robusto) einen guten Tagesbegleiter dar.

### Apéritif
*Ramón Allones Small Club Coronas.* Mehr als eine gute Wahl für eine Minuto (Très Petit Corona). Sie ist ausgezeichnet, abgerundet und geschmackvoll und eine gute Vorbereitung auf den Abend.

### Nach einem leichten Dinner ohne Alkohol
*Hoyo de Monterrey Le Hoyo des Dieux.* Fruchtig und vollmundig cremig hat diese Corona von hoher Qualität einen langsamen Brand und ist einfach zu rauchen. Sie entfaltet superbe Aromen.

### Nach einem leichten Dinner mit Alkohol
*Romeo y Julieta Belicosos.* Die perfekte Krönung eines Fischgerichtes beispielsweise ist diese schwere, aromatische Campana (Torpedo).

### Nach einem üppigen Dinner mit Alkohol
*Partagás Lusitanias.* Diese kräftige, tanninige und intensive Prominente (Double Corona) ist eine der Besten, die es gibt.

*Von oben nach unten und von links nach rechts: Saint Luis Rey Regios, Hoyo de Monterrey Le Hoyo des Dieux, San Cristóbal de La Habana La Punta, Romeo y Julieta Belicosos, Partagás Shorts, Cohiba Siglo III, Ramón Allones Small Club Coronas, Partagás Coronas Cabinet Selection, Partagás Lusitanias, La Gloria Cubana Médaille d'Or N° 2.*

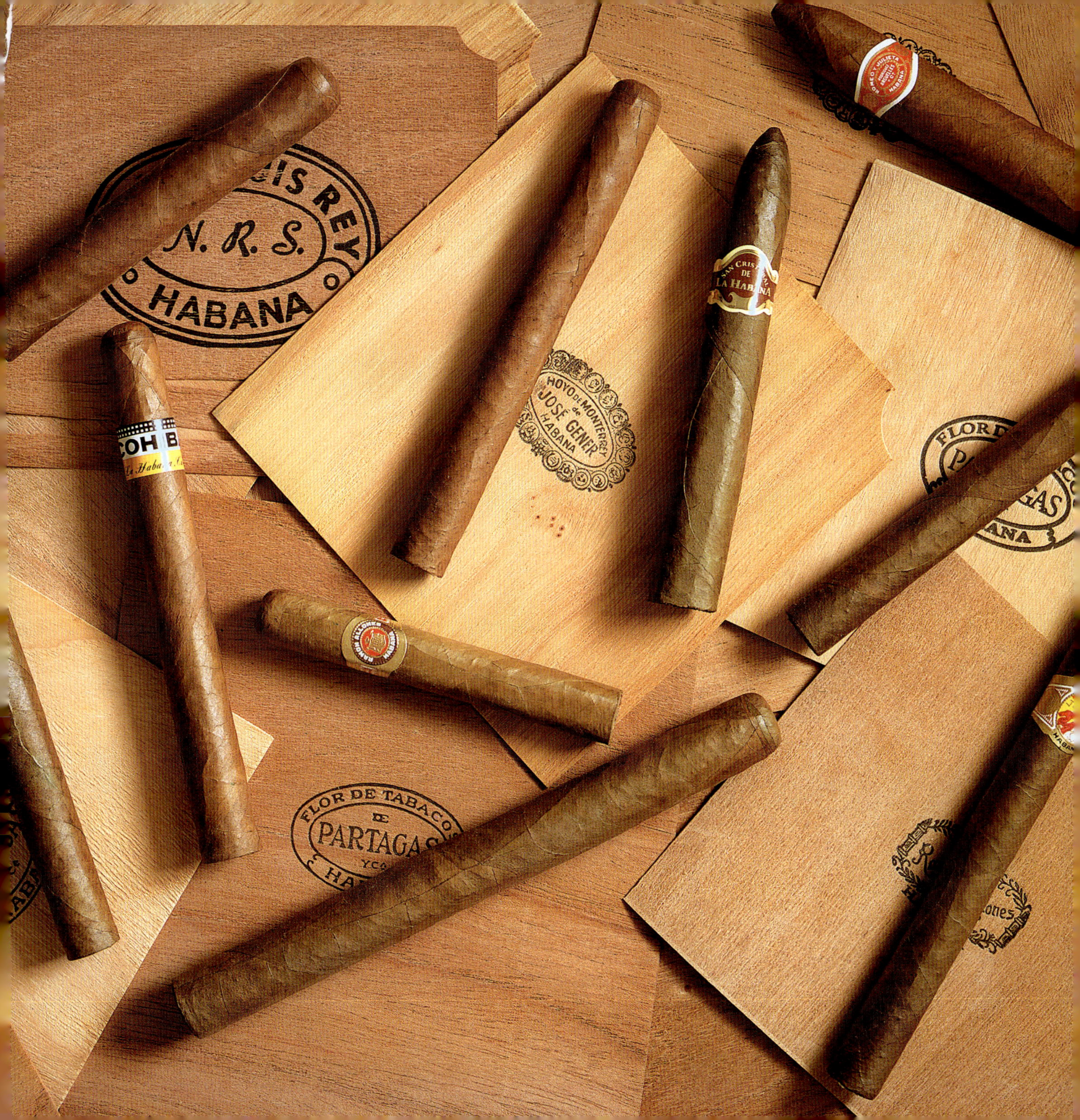
N. R. S.
HABANA
LA HABANA
FLOR DE TABACO
PARTAGAS

# Eine ideale Auswahl für den Connaisseur

Diese Empfehlungen sind für Raucher gedacht, die den ausgeprägten Geschmack lieben und den ganzen Tag über starke, vollmundige Zigarren bevorzugen.

### Nach dem Frühstück
*Punch Super Selection N° 2*. Vollmundig mit erdigen und würzigen Aromen, entlässt diese sehr gute Corona Gorda in den Tag.

### Morgens
*H. Upmann Magnum 46*. Mit ihrem exzellenten Verhältnis von Länge und Durchmesser ist diese eher aromatische als kräftige Corona Gorda erstaunlich leicht zu genießen.

### Nach einem leichten Lunch ohne Alkohol
*Juan López Selección N° 1*. Mild, leicht und frisch, aber rassig, ist diese Corona Gorda weniger kräftig als andere Zigarren ihres Formats. Genau deshalb die richtige Wahl für diese Gelegenheit.

### Nach einem leichten Lunch mit Alkohol
*Partagás Série D N° 4*. Sehr aromatisch und schwer, ist dies eine Robusto mit Charakter. Liebhaber starken Geschmacks kommen voll auf ihre Kosten.

### Nach einem üppigen Lunch mit Alkohol
*H. Upmann Sir Winston*. Die Stärke dieser Julieta (Churchill) ist besonders für die Liebhaber von intensiv waldigen und Amber-Tönen attraktiv. Eine ausgezeichnet starke Zigarre mit vollem Körper.

### Nachmittags
*Ramón Allones Petit Coronas*. Eine klassische Mareva mit ausreichend Biss und erdigen Noten für den erfahrenen Raucher, der prononcierten Geschmack liebt.

### Apéritif
*Bolívar Belicosos Finos*. Diese subtile und sehr aromatische Campana (Figurado) ist leichter als früher zu genießen und passt ausgezeichnet zu Champagner.

### Nach einem leichten Dinner ohne Alkohol
*Punch Double Coronas*. Eine ausgezeichnet gemachte Zigarre und eine der Besten ihrer Art. Sie entfaltet intensive Aromen in würzige und honigartige Richtungen.

### Nach einem leichten Dinner mit Alkohol
*Montecristo »A«*. Eine Gran Corona (Especial) von schönem Format mit entfalteter Geschmackspräsenz im Mund. Ihre Intensität kann fast schon erschöpfend wirken.

### Nach einem üppigen Dinner mit Alkohol
*Partagás Pirámides Limited Edition*. Eine wahrlich große Havanna, sowohl hinsichtlich ihrer Intensität wie auch des Stils. Die reiche Palette von Würzigkeit verlangt Aufmerksamkeit.

*Von oben nach unten und von links nach rechts: Bolívar Belicosos Finos, H. Upmann Magnum 46, Partagás Série D N° 4, Ramón Allones Petit Coronas, Punch Double Coronas, H. Upmann Sir Winston, Montecristo »A«, Punch Super Selection N° 2, Juan López Selección N° 1, Partagás Pirámides Limited Edition.*

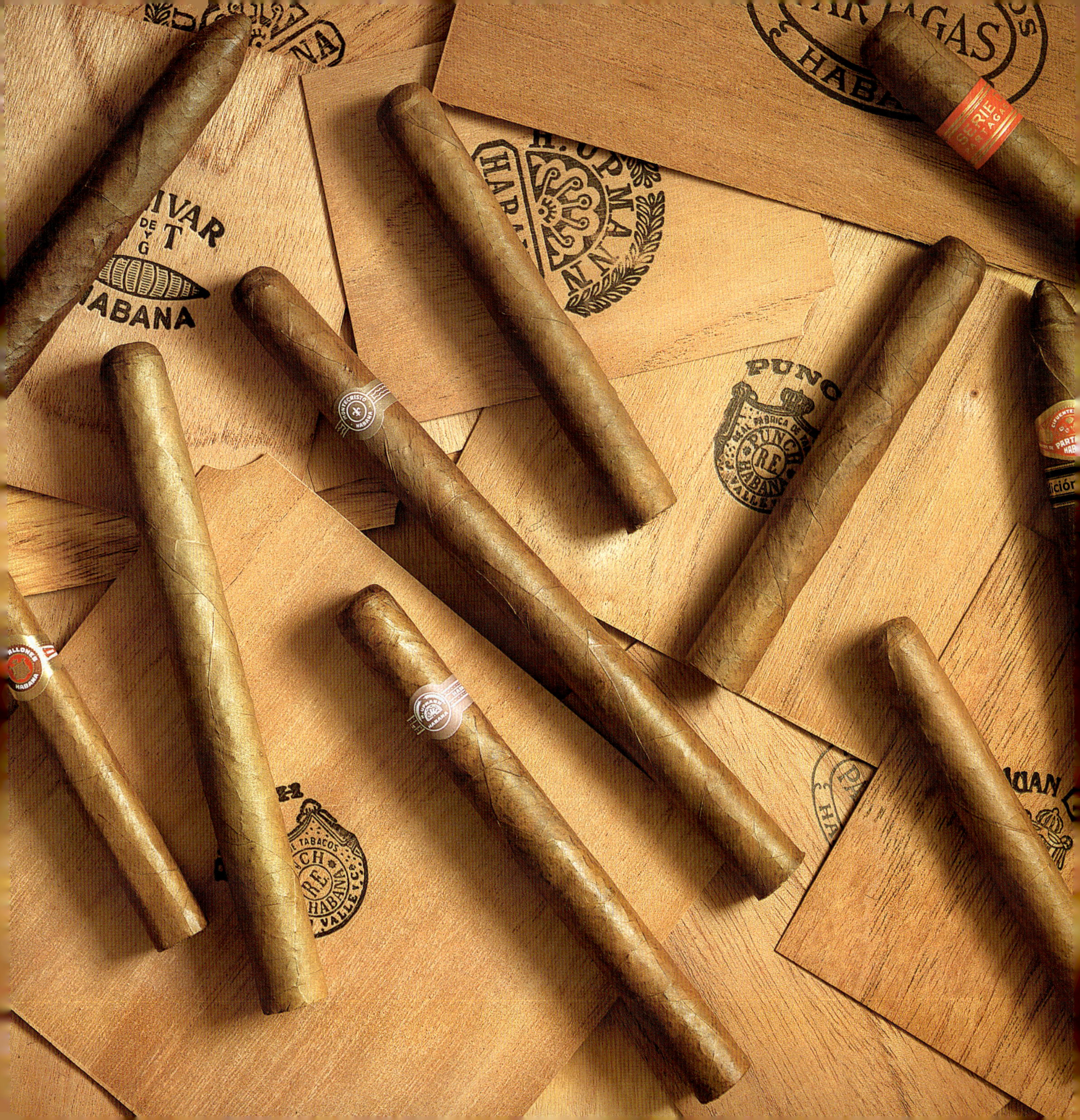
HABANA

# Glossar

**Bauchbinde:** Schmales Papierband mit Markenzeichen um die Zigarre, ursprünglich zum Schutz gedacht.

**Cabinet:** Würfelförmige Zigarrenkiste aus Zedernholz, naturbelassen oder lackiert, die ein halbes oder ein viertel Rad, also 50 oder 25 Zigarren, enthält, die keine Bauchbinden haben, aber insgesamt von einem Band umschlungen sind.

*Capa:* Deckblatt.

*Casa de tabaco:* Gut belüfteter Schuppen, in dem der Tabak nach der Ernte getrocknet wird.

*Cepo:* Ringmaß.

*Chaveta:* Die halbmondförmige Klinge, mit der die Roller das Blatt schneiden und glätten.

*Culebra:* Schlange. Drei zusammengeflochtene kleine Zigarren. Der bekannte Psychoanalytiker Jacques Lacan war ein ausgesprochener Liebhaber dieses Formats.

**Deckblatt:** Das äußere Blatt der Zigarre besteht aus einem möglichst homogenen, rechteckigen halben Blatt von der obersten Etage der Tabakpflanze (Capa).

**Einlage:** Der Tabak in der Mitte der Zigarre, beim Rollen auch »Puppe« genannt.

**Entrippen:** Entfernen der zentralen Ader des Tabakblattes.

*Envasador:* Verpacker.

*Escaparate:* Kabinett mit konstanter Luftfeuchtigkeit und Temperatur in der Fabrik.

*Escogedor:* Farbsortierer.

*Escogida:* Großes Fest in den Plantagendörfern, wenn die Experten der Fábricas die Blätter nach der ersten Fermentation auswählen.

*Fábrica:* Zigarrenmanufaktur.

*Finca:* Tabakplantage.

**Format:** Sammelbegriff für Form, Länge und Ringmaß einer Zigarre.

**Fumigation:** Beseitigung der Parasiten durch Begasen.

**Fuß:** Unteres Ende der Zigarre.

*Galera:* Der Raum, in dem die Zigarren gerollt werden, häufig am Boden der Kiste vermerkt und zugleich auch der Name verschiedener Formate.

**Garantiesiegel:** Offizielles, grünes Siegel an der Kiste mit Garantie der Authentizität.

*Gavilla:* Bündel von 40 bis 50 Tabakblättern vor der ersten Fermentation.

**Halbes Rad:** Spanisch »Media Rueda«, traditionelle Bezeichnung für ein Bündel mit 50 Zigarren.

**Humidor:** Behältnis zur Konservierung von Zigarren bei möglichst gleichmäßiger Luftfeuchtigkeit und Temperatur in verschiedenen Größen und Materialien.

**Kopf:** Spitze der Zigarre.

**Matierung:** Bestäuben des Deckblattes mit Tabakpulver bei maschinell gefertigten Zigarren, besonders in den Vereinigten Staaten.

**Mischung:** Die Kombination verschiedener Tabake, die den Charakter einer Zigarre formen.

**Puppe:** Kern der Zigarre aus Einlage und Umblatt.

*Puro:* Spanisch für Zigarre, auch Bezeichnung für eine Zigarre aus einer einzigen Tabaksorte.

**Ringmaß:** Durchmesser der Zigarre, angegeben in einem Mehrfachen von 1/64 inch.

*Tapado:* Weiße Baumwollstoffbahnen als Sonnenschutz für die Tabakpflanzen, zugleich Bezeichnung der Felder, wo sie aufgespannt sind.

*Tercio:* Bezeichnung der großen Tabakgarben nach der zweiten Fermentation vor dem Abtransport in die Galeras.

*Torcedor:* Zigarrenroller.

**Traditionelle Kiste:** Entweder aus naturbelassenem oder lackiertem Zedernholz, geschmückt mit einer Vista und ausgestattet mit Schutzpapier.

**Umblatt:** Das Blatt, das die Einlage zusammenhält, bevor beide dann vom Deckblatt umhüllt werden, spanisch Capote.

*Vega:* Ursprünglich Tabakfeld, heute auch Bezeichnung der Region von Tabakplantagen.

*Veguero:* Arbeiter auf einer Tabakplantage.

**Vintage:** Jahrgangszigarren, allgemein für optimal gereifte Spitzenzigarren, ohne dass in der Regel das Erntejahr des Tabaks angegeben wird, das einen vergleichbaren Einfluss auf das Ergebnis hat wie beim Wein.

*Vista:* Farbiges Markenzeichen als Dekoration in traditionellen Zigarrenkisten.

*Vitola:* Ganz allgemein Bezeichnung für eine Zigarre, aber etwas enger gefasst der Zusammenhang von Marke, Format und Mischung oder in Bezug auf die Galera und die hölzernen Maßformen, weil unter einer Marke und einem Format auch vier verschiedene Zigarren produziert werden können.

# Register

Abschneider 52, 61
Accessoires 53, 60–61
Alkohol 64–65
Almuerzo 36
Anfühlung 54–55
Antillen 6
Aromen 56–57
Arturo Fuente 12, 21
    Fuente Opus X Perfexción
    Robustos 86–87
Ashton 12
Aufbau einer Zigarre 30
Auktions-Zigarren 67
Aussehen 54

Bahia 19
Bahia Gold 18
Bances 15, 19
Baracoa 9
Bauchbinde 44–45
Bauza 12, 19
Belinda 14
Bertoua 21
Bolívar 10, 26, 70
    Belicosos Finos 90–91
Borneo 20
Brasilien 18–19, 21
Breña Alta 20

Cabañas y Carbajal 75
Caldera del Tabariente 20
Calixto López 20, 66
Campana 32
Canaria d'Oro 12
Cañonazo 34
CAO 18
Cazador 26
Cervantes 26, 32
Chago Diaz 13
Churchill 32
Cifuentes 19
Cigarrito 36
Clarísimo 38
Claro 38

Cohiba 10, 26, 70
    30. Jahrestag 75
    Coronas Especiales 35
    Kollektionen 82
    Limitierte Serien 80
    Millennium 75
    Siglo I 37
    Siglo III 88–89
Cojo 14
Colorado 38
Color Dominicano 13
Connecticut 13–14, 16, 19–20
Copaneco 14
Corojo 11
Corona 34
    Grande 26, 34
    Gorda 26, 34
Cortador 52
Costa Rica 14, 18
Criollo 11, 14, 16, 18
Cruz Real 18
Cuaba 10, 70, 73
    Exclusivos 35, 85
Cuba Aliados 15, 19

Dalia 26, 32
Danlí 14
Davidoff 12, 66
    80 Aniversario 75
Delicado 36
Demi-tasse 36
Diplomáticos 10, 26, 70
Dominikanische Republik 12–14, 19
Don Diego 12
Don Pepe 19
Don Ramos 15
Don Tomás 15
Double Corona 32
Double Happiness 21
Duft 54–55
Dunhill 12, 66
    Cabinetta 75

Havana Club 75
Varadero 75

Ecuador 13–14, 18–19
Edmundo 34
El Rey del Mundo 8, 10, 73
    Cabinet Selección
    Choix Suprême 84–85
    Taínos 86–87
Entreacto 36
Especial 32
Estelí 16
Excalibur 15
Excelsior 18
Exquisito 32

Fälschungen 68–69
Figurado 32
Flor de Copán 15
Flor de Selva 15
Florida 20
Frankreich 6

Gefühl 55
Genuss 55
Gérard Père et Fils
    Cuvées Spéciales 78–79
Geschmack 54–56
Gispert Petit Coronas de Luxe 75
Gran Corona 26, 32, 34
Gran Pirámide 32
Großbritannien 6, 7, 19
Guillotine 28, 52

H. Upmann 8, 10, 12, 26, 71
    Connoisseur N° 1 37, 86–87
    Connoisseur N° 2 37
    Kollektionen 82
    Limitierte Serie 80
    Magnum 46 35, 90–91
    N° 2 33
    Sir Winston 90, 91

Habana 92/2000 11, 14, 16
Habana Gold 19
Habanos s.a. 69
Haiti 12
Half Robusto 36
Hecho a mano 25, 31
Hecho en Cuba 69
Hemingway, Ernest 65
Henry Clay 66, 75
    Diamantinos 74
Hermoso N° 4 34
Honduras 14–15, 19
Hoyo de Monterrey 8, 10, 14, 71
    Kollektion 82
    Le Hoyo des Dieux 35, 8–89
    Limitierte Serien 80
Humidor 48–49

Indian Tabaco Cigar 15
Indonesien 19, 20
Italien 6

Jahrgangszigarren 74
Jalapa, Tal 14, 16
Jamaika 18–19
Japan 6
Java 20
Joaquín Cuesta 75
José Geners Magnum 40
José Luis Piedra 9
Joya de Nicaragua 16, 19
Juan Clemente 12
Juan López 10, 71
    Selección N° 1 90–91
Julieta 32

Kabinett 40
Kamerun 13, 20–21
Kanarische Inseln 20
Kentucky 6, 20
Kingston 19

Kuba 6, 8–9, 22
Küche 62–63

La Aurora 12, 21
La Corona 7, 75
La Escepción 7
　Longos 75
La Flor de Cano 66
　Diademas 75
La Flor de la Isabela 21
La Flor Dominicana 12
La Gloria Cubana 10, 20, 26, 70
　Médaille d'Or N° 1 84–85
　Médaille d'Or N° 2 33, 88–89
　Médaille d'Or N° 3 86–87
La Meridiana 16
La Palma 20
Laguito N° 1 36
Laguito N° 3 36
Laura Chavin 12
Ligero 24, 30
Lochschneider 52, 61
Lonsdale 26, 32, 34

Macanudo 12, 19
Machine 25, 31
Maduro 38
Malta 6
Manila 21
Mareva 36
Maria Guerrero 7, 66, 75
Marokko 6
Maryland 6, 20
Mata Fina 19
Mata Norte 19
Mata Sul 19
Mexiko 7, 18–19
Minuto 36
Montague 20
Montecristo 8, 10, 12, 26, 71
　»A« 33, 90–91
　Kollektion 82
　Limitierte Serien 80
Montecruz 21
Morocelí 14

Nat Sherman 12
Negro 39
Nicaragua 12, 16–17
Nicotiana Tabacum 7, 18
Niederlande 6
Nordamerika 6
North Carolina 6

Ocotal 16
Omotepe 16
Oriente 9
Oscuro 39

Padrón 16
　1964 Anniversary Coronas 86–87
Panetela 36
Panetela Larga 36
Partagás 8, 10, 12, 26, 72
　150. Jahrestag 75
　155. Jahrestag 33
　Coronas Cabinet Selection 88–89
　Cristal Tubos 75
　Kollektionen 82
　Limitierte Serien 80
　Lusitanias 88–89
　Palmas Reales Cristal Tubos 75
　Pirámides Limited Edition 90–91
　Salomones 33
　Série D N° 4 90–91
　Shorts 88–89
Partido 9
Peñamil 20
Petit Corona 36
Petit Edmundo 36
Petit Robusto 36
Philippinen 20–21
Piloto Cubano 13
Pinar del Río 10
Pirámide 32
Pléiades 12
Por Larrañaga 8, 10, 72
　Petit Coronas Cabinet Selection 86–87

Portugal 6
Prominente 32
Punch 8, 10, 14, 72
　Double Coronas 90–91
　Super Selection N° 2 90–91

Quai d'Orsay 10, 72
　Imperiales 84–85

Rafael González 10, 72
　Coronas Extra 86–87
　Lonsdales 33
　Petit Coronas 84–85
　Slenderellas 33
　Vitolas B 75
Ramón Allones 8, 10, 12, 26, 72
　Coronas Cabinet Selection 35
　Petit Coronas 37, 90–91
　Small Club Coronas 88–89
Remedios 9
Rey 36
Robusto 34
Rodolfo 32
Romeo y Julieta 8, 10, 73
　Belicosos 35, 88–89
　Exhibición N° 2 33
　Fabulosos 66
　Kollektionen 82
　Limitierte Serien 80
　Romeos 75
Royal Jamaika 12

S.T. Dupont 20
　Robustos 84–85
Saint Luis Rey 10, 73
　Churchills 33
　Regios 88–89
Salomón 32
San Andrés, Tal 18
San Cristóbal de La Habana 10, 73
　El Príncipe 37, 86–87
　Kollektion 82
　La Punta 88–89
San Juan y Martinez 11

San Luis 11
San Vicente 13
Sancho Panza 8, 10, 73
　Belicosos 69
Santa Clara 18
Santa Damiana 12
Santa Rosa de Copán 14
Seco 24, 30
Semi-Vuelta 9
Sosa 19
Spanien 7, 10, 16
Sucking machine 25
Suerdieck 19
Sula, Tal 14
Sumatra 20

Talanga 14
Te-Amo 18
Temple Hall 19
Torpedo 32
Totalmente
　a mano 25, 30
Très Petit Corona 36
Trinidad 10, 73
　Fundatores 33
　Kollektion 82
Tripa Corta 31
Türkei 6

Vargas 20
Vega Fina 12
Vegas Robaina 10, 26, 73
　Kollektion 82
Vera Cruz 18
Vereinigte Staaten 14, 18–20
Villar y Villar 75
Vintage-Zigarren 74–75
Virginia 6, 20
Vista 42–43, 93
Volado 24, 30
Vuelta Abajo 8, 10–11
Vuelta Arriba 9

Zigarrendosen 49
Zigarrenkiste 40
Zigarrenschere 52

**Danksagung**
Dank an Anton Molnar, der die Kunst
in die Welt der Zigarren gebracht hat.

Dank an meine Mutter für ihr Vorbild;
an meine Frau für ihre Geduld;
an meine Schwester für ihre Mithilfe;
und natürlich an Sévan und Taline.

---

Copyright © 2008, Flammarion, Paris
Die französische Originalausgabe mit dem Titel »Le Cigare – L'art du Cigare«
erschien 2008 bei Editions Flammarion, Paris.

Bibliografische Information der Deutschen Nationalbibliothek
Die Deutsche Nationalbibliothek verzeichnet diese Publikation in der Deutschen Nationalbibliografie;
detaillierte bibliografische Daten sind im Internet über http://dnb.d-nb.de abrufbar.

3., aktualisierte Auflage
ISBN 978-3-7688-2525-2
Die Rechte für die deutsche Ausgabe liegen beim Verlag Delius, Klasing & Co. KG, Bielefeld

Der Verlag macht darauf aufmerksam, dass dieses Buch bereits in zwei Auflagen
unter der ISBN 978-3-7688-1482-9 angeboten wurde.

Übersetzung und deutsche Bearbeitung: Dr. Volker Bartsch
Fotos: Matthieu Prier, außer: S. 6: DR, S. 21: Mingasson/Liaison
Printed in Malaysia 2008

Alle Rechte vorbehalten! Ohne ausdrückliche Erlaubnis des Verlages darf das Werk, auch nicht Teile daraus,
weder reproduziert, übertragen noch kopiert werden, wie z. B. manuell oder mithilfe elektronischer und mechanischer
Systeme inklusive Fotokopieren, Bandaufzeichnung und Datenspeicherung.

Delius Klasing Verlag, Siekerwall 21, D-33602 Bielefeld
Tel.: 0521/559-0, Fax: 0521/559-115
E-Mail: info@delius-klasing.de • www.delius-klasing.de

---

*Gérard*
GENÈVE

Hôtel Kempinski – 19, quai du Mont-Blanc – 1201 Genève
Tel. (00) 41 22 908 35 35, Fax (00) 41 22 908 35 30
www.gerard.ch
www.worldofgerard.com
www.privatebankofcigars.com
info@gerard.ch